夏のかぎ針あみこもの

Ronique
[ロニーク]

文化出版局

Contents

フリルのポシェット 05/34
斜め模様のかごバッグ 06/36
飾りベルトのハット 08/38
斜め掛けショルダー 09/40
ドロップバッグ 10/41
編込みハンドルのバッグ 11/43
モチーフ仕立てのハンドバッグ 12/46
ミニキューブボストン 13/44
エディターズトート 14/48
丸底たっぷりワンショルダー 15/50
透しブリムのハット 17/52
サニーデートート 17/54
グラニーレースのショール 18/56
ヘリンボーンのスクエアバッグ 19/58

リングつなぎのスリッパ	20/30、61
パイナップル模様のフットカバー	21/62
トライアングル模様のフットカバー	21/59
2枚はぎのラージバッグ	22/64
ペットボトルホルダー	23/66
6匹の黒猫バッグ	24/31、67
ひと息ネットバッグ	25/68
ギャザー底のポーチ	26/70
かぎ針ケース	27/72
ランタン柄の編込みトート	28/32、33
ワイルドフラワーのバッグ	29/74
編み方ポイント	30
かぎ針編みの基礎	76

Introduction

　冬の編み物が終わるころ、風はまだ肌寒いけど、次に編みたいものはすっかり春の気分。手芸店のウールがいつの間にか減ってきて、麻糸が目にとまり始めたらいよいよスタート。
去年のバッグも大好きだったはずなのに、頭の中は、新しいバッグのことばかり。大きさはどうする？ 使いみちは？ 色選びにだって頭を悩ませなきゃ。
もちろん、バッグ以外にも編みたいものはいっぱい。旅先で使う帽子も、携帯用のスリッパも、編み物道具だってケースを編んでどこへでも持っていってしまおう。
かぎ針編みは、春になっても忙しい！

　気温が30度を超えたら夏？ 編み物の夏は、夏糸で編みたいものがある間じゅう続きそう。軽くて大きなバッグも必要だし、小さなバッグには目がないから。
そして夏休みには、夢中で編んだ作品たちを連れて旅に出よう。太陽がまぶしい写真の中に、夏を待ちながら編んだ作品をたくさん見つけられるように。今年のアルバムは、ひと夏の思い出と一緒に編み物の記憶も呼び戻してくれるはず。
来年は違うバッグが編みたくなるかもしれない、なんて考えてたら鬼が笑うかな。
さ、暑くても出かけたくなるくらいのお気に入りを完成させよう。
そして、外に繰り出そう。

フリルのポシェット

どんな風にフリルができてくるの？
それが知りたくて、自然と手が進んだポシェット。
地図とガイドをたずさえたら、いざ旅のはじまり。
see page » 34

斜め模様のかごバッグ

see page » 36

どことなく透け感、よく見ると斜め模様。
途中から編み図も見ないでぐるぐる編んだかごバッグ。
ラフに使って、今日は一日風通し良好。

飾りベルトのハット

see page » 38

行き先を決めない日。街角のお花屋さんで
カクタスをすすめられたのは、ちょっとやんちゃな帽子のせい？
シティ派の冒険者にも日よけは必須。

斜め掛けショルダー

お出かけを両手いっぱい楽しみたいときは、
斜め掛けのタフなバッグを連れていこう。
でも実は、ショルダーひもに乙女心が見え隠れ。
see page » 40

ドロップバッグ

see page » 41

はじめて編む形って、知らない町を歩くのとどこか似てる。
道を間違えて振り出しに戻ったり、横道にそれたりもするけど、
まわり道さえ楽しくて。

編込みハンドルのバッグ

いつもは最後の一歩だったハンドルも、
編込みが入ったらバッグの主役。
お気に入りのツートンカラーは、
待ち合わせ場所でも見つけてもらえそう。

see page » 43

モチーフ仕立てのハンドバッグ

何でも持ち歩いてる安心感もいいけど、荷物の少ない身軽さも魅力的。
モチーフに持ち手がついたミニマルなバッグには、
どんな持ち物を選ぼうか。

see page » 46

ミニキューブボストン

see page » 44

編み物って、教科でいうと算数かな。
数字を合わせて、カドを合わせてボストンが完成。
次の目的地にたどり着くためには、角を何回曲がればいい？

エディターズトート

see page » 48

日常を抜け出しても、そばには愛用のトート。
いつもの中身は家のデスクでお留守番。
観光雑誌を入れて外に出たら、新しい景色にもおはよう！

丸底たっぷりワンショルダー

軽くて大きなバッグでお買い物。
買うかどうか迷ったときは、買う派？ やめる派？
このバッグは、ショルダーひもの編み地を変えない派。

see page » 50

透しブリムのハット

編んでいた春の日がいとおしくなったのは、
この帽子が強い日ざしを和らげてくれたせい？
ブリムの影がほほにかかる写真も、ひと夏の思い出。

see page » 52

サニーデートート

おうちでじっくり編込みをして仕上げたバッグも、
さあ出番。まぶしすぎるお日さまの下に飛び出そう。
ずっと待ち遠しかったのはこんな日。

see page » 54

グラニーレースのショール

see page » 56

アンバランスとかミスマッチとか、
手さぐりしながら"おしゃれ"を見つけ出すのっておもしろい。
ボーイッシュなキャップにレトロなレースはどう思う？

ヘリンボーンのスクエアバッグ

地道な努力が実を結ぶと言うけど、
このバッグは毎段の積み重ねが
ヘリンボーン模様を生んでくれたっけ。
バッグの厚みも、気分も上々。

see page » 58

リングつなぎのスリッパ

see page » 30、61

うきうきしながらリングをつないで……。
たくさんつなぎすぎちゃって、笑ってほどいたりもしたけど。
晴れてデビューできたから、結果マル。

パイナップル模様のフットカバー

パイナップルが似合う季節は、
涼しくてさり気ない足もとにしてみよう。
洗い替えをたくさん編んだら、
お洗濯も物干し場も楽しくなりそう。

see page » 62

トライアングル模様のフットカバー

友達の家にお呼ばれして、
うっかり裸足で行ってしまったとき、
助けてくれたのがこれ。
それからずっと、ありがとうってバッグに忍ばせてる。

see page » 59

2枚はぎのラージバッグ

行きつ戻りつ往復編み。
続けているうちに成果が出るものって、うれしさもじんわりと深い。
編み物もエクササイズも、日課になったのはそのおかげ。
see page » 64

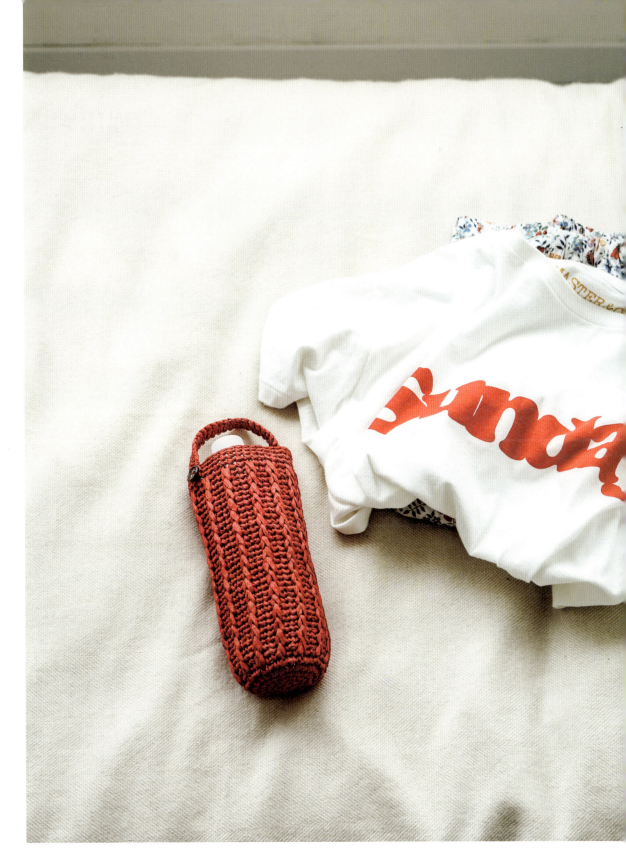

ペットボトルホルダー

see page » 66

水滴をのがさないホルダーに頼る夏。
元気な色がバッグからのぞくと、疲れも吹き飛びそう。
愛着がわくほど、水分補給もマメになってた。

6匹の黒猫バッグ

see page » 31、67

ひとり気ままに歩いても、寂しくないのは黒猫たちのおかげかな。
すれ違いざま、バッグに視線を向けたあの人は、
もしかして黒猫の飼い主さん？

ひと息ネットバッグ

横のものを縦にして、糸をつがずに編んだバッグも、
使うときはひと息つきながら。
コーヒーブレイクの次は、浜辺のお散歩にもつき合ってね。
see page » 68

ギャザー底のポーチ

遠い外国の革小物にあこがれて、
遊び心で編んだギャザーのポーチ。中には何を入れよう。
必需品と一緒に、夏のかけらも入れておければいいのに。

see page » 70

かぎ針ケース

どこにでも連れて歩きたくなるお道具たち。
今日はかぎ針、次はペンケースになってるかも。
中身が変わっても、丸いリングがトレードマーク。

see page » 72

ランタン柄の編込みトート

もう次の旅行がしたくなるのは、この旅が楽しすぎたせい？
でも不思議、リズムよく編んだバッグを見ると、
おうち時間も恋しくなってた。

see page » 32、33

ワイルドフラワーのバッグ

名残惜しい季節はいつも夏だねって、
道端のお花に話しかけてしまいそうな日。
麻ひもバッグを持ってたら、夏はもう少し続いてくれるかな。

see page » 74

編み方ポイント

page » 20/61

リングつなぎのスリッパ

※甲のリングつなぎは、糸を切らずに編む「連続モチーフ」で編みます。

モチーフのつなぎ方

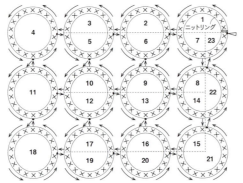

1の編始め

❶ニットリングの輪の中に針を入れて、糸をかけて引き出します。

❷針に糸をかけて、引き抜きます。

❸もう一度針に糸をかけて、立上りの鎖1目を編みます。

❹ニットリングの輪の中に針を入れて、細編みをします。

❺細編み1目編んだところ。同様に細編みを9目編みます。

2を続けて編む

❻新しいニットリングの輪の中に針を入れます。

❼細編み1目編んだところ。同様に細編みを9目編みます。

4の編終り

❽4は細編みを18目編み、最初の目の向う側の1本に針を入れます。

❾針に糸をかけて引き抜きます。

❿4が編めたところ。

⓫番号順に編み進みます。7まで編んだところ。

9を6につなぐ

⓬9の細編みを5目編み、6の指定位置の頭の鎖2本に針を入れます。

⓭針に糸をかけて引き抜きます。

⓮9に戻り、細編みを4目編みます。

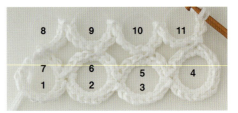

⓯11の途中まで編んだところ。番号順に23まで編み、リング12個をつなぎます。

6匹の黒猫バッグ

※地糸1色で編むときも配色糸を編みくるむことで、バッグ全体の厚みが均等になり、丈夫になります。

糸を編みくるむ方法（細編みの場合）

❶1段めは地糸（ベージュ）1色で編みます。

❷2段めから、配色糸（黒）を編みくるみます。配色糸を上に置きます。

❸針に糸をかけて引き抜きます。

❹立上りの鎖1目が編めました。

❺1段めの最初の細編みの頭2本に針を入れて、細編みを編みます。

❻細編みが編めたところ。配色糸を編みくるんだ状態になります。

❼繰り返して1周編みます。編みくるんだ糸がゆるんだり、つれないようにします。

❽2段めの終りは、最初の細編みの頭2本に針を入れます。

❾糸をかけて引き抜きます。2段めが編めました。

❿3段め以降も❸〜❾と同様に配色糸を編みくるみながら細編みを編みます。

細編みの編込み模様

××××☒☒×××　× = ベージュ　☒ = 黒

❶地糸（ベージュ）を編むときは、配色糸（黒）を編みくるみます（糸を編みくるむ方法を参照）。

❷配色する1目手前の最後の引抜きをするときに、配色糸の上に地糸をのせて交差させます。

❸配色糸に替えて、針に糸をかけて引き抜きます。

❹引き抜いたところ。地糸を編みくるみながら、配色糸で細編みを編みます。

❺配色糸の最後の引抜きをするときは、地糸をそのまま針にかけます。

❻引き抜きます。

❼引き抜いたところ。

❽記号図どおり編み進みます。

ランタン柄の編込みトート

※持ち手の色を替えるときも、最後まで糸を切らずに編む方法です。

持ち手の編み方　※記号図は33ページにあります。

作り目

❶持ち手の鎖編みの1目手前で細編みの最後の引抜きをするときに、配色糸(黒)に替えて編みます。

❷配色糸で鎖24目編みます。地糸(生成り)は切らないでおきます。

❸鎖編みの25目めは地糸に替えて編みます。このとき地糸を持ち手の鎖編みと同じ長さになるように渡しておきます(渡した糸は次段で編みくるみます)。

❹指定の位置に針を入れて、配色糸を編みくるみながら、地糸で細編みを編みます。

❺細編み1目編めたところ。配色糸を編みくるみながら記号図どおり編み進みます。

1段め

❻持ち手の1目手前の細編みの引抜きをするときに、配色糸に替えて編みます。

❼持ち手の細編みは、鎖の向う半目と裏山を拾います。

❽前段で渡した地糸も一緒に編みくるみ、糸をかけて引き出します。

❾次の目も❼❽と同様に針を入れて、糸をかけて引き出します。

❿引き出したら、糸をかけて3ループを一度に引き抜きます。

⓫細編み2目一度が編めました。記号図どおり編み進みます。

⓬持ち手の最後は細編み2目一度で編みますが、地糸に替えて引き抜きます。

⓭配色糸を編みくるみながら地糸で細編みを編みます。記号図どおり編み進みます。

page » 28

ランタン柄の編込みトート

[糸] ハマナカ コマコマ(40ｇ玉巻き・太タイプ)
生成り(1)275ｇ、黒(12)80ｇ
[用具] 8/0号かぎ針
[ゲージ] 細編みの編込み模様　14.5目13.5段が10cm四方
[サイズ] 幅34.5cm、深さ23.5cm

[編み方] 糸は1本どりで、指定の配色で編みます。
輪の作り目をして底から細編みで編み始めます。2段めから配色糸(黒)を編みくるみながら13段編みます(p.31参照)。続けて側面を細編みの編込み模様で増減なく編みます。持ち手の詳しい編み方はp.32にあります。

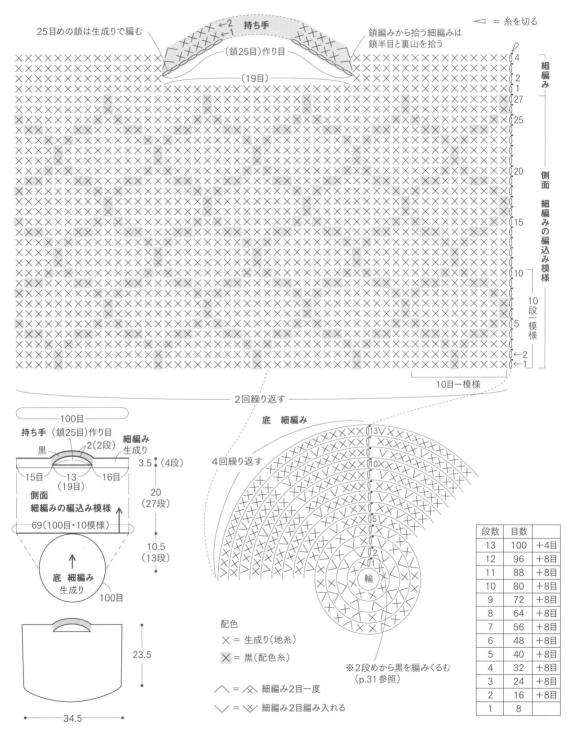

フリルのポシェット

[糸] ハマナカ フラックスＫ（25ｇ玉巻き・並太タイプ）
グレー（208）75ｇ、
フラックスＣ（25ｇ玉巻き・中細タイプ）
グレー（108）32ｇ
[用具] 3/0号、5/0号、7/0号かぎ針
[その他] 幅0.8cmのゴムテープを30cm
[ゲージ] 長編み 21.5目9段が10cm四方
[サイズ] 幅21cm、深さ19.5cm
[編み方] 糸は、本体はフラックスＫ１本どりで5/0号針、ひもは２本どりで7/0号針、フリルはフラックスＣ１本どりで3/0号針で編みます。
本体は、鎖編みの作り目をして編み始めます。１段目は鎖半目と裏山を拾って編み、反対側は鎖半目を拾って輪に長編みを編みます。増減なく16段編み、模様編みＡの１段目は前段の鎖の手前側半目を拾って編みます。最終段まで編んだら、糸を切らずに残しておきます。
フリルは、鎖編みの作り目をして編み始め、１段目を編んでから輪にします。１段目の長編みは鎖半目と裏山を拾って編みます。２段目の鎖目から拾う長々編みは、束（そく）にすくって編みます。反対側は糸をつけて編みます。
フリルの１段目と本体の14段目の合い印どうしを１目ずつ拾って引抜き編みで合わせます（写真参照）。本体を裏返し、入れ口を二つ折りにして、輪にしたゴムテープをはさみ、残しておいた糸で、本体の最終段と16段目の半目を拾って、引抜き編みでつけます。
ひもをスレッドコードで２本編み、本体の裏側に縫いつけます。ひもの中央を縫いとめます。

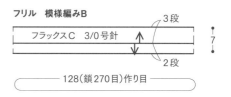

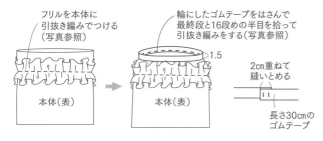

まとめ方

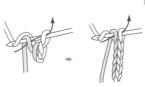

スレッドコード

❶糸端を編みたい長さの約３倍残し、鎖編みの作り目（p.76参照）を編みます。糸端をかぎ針の手前から向う側にかけます。

❷針先に糸をかけて糸端も一緒に引き抜きます（鎖編み）。

❸１目編めました。次の目も糸端を手前から向う側にかけて一緒に引き抜いて鎖編みを編みます。繰り返して編み、編終りは鎖目を引き抜きます。

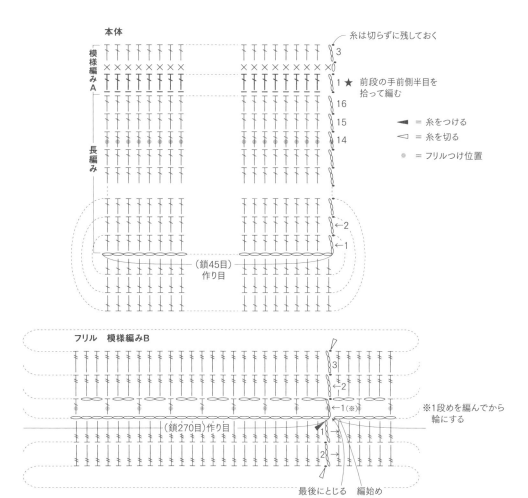

フリルのつけ方

※ここではサイズを変えて解説しています。

❶本体の14段めとフリルの1段めを重ねて、立上りの右側にかぎ針を入れます。

❷本体の裏側に糸をつけて引き出し、矢印のように立上りの左側に針を入れ、糸をかけて引き出します。

❸フリルの長編み1目と本体の長編み1目ずつを引き抜いていきます。

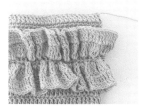

❹繰り返して1周編んだら糸を切り、糸始末をします。

入れ口の始末

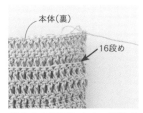

❶本体を裏返します。16段めの頭は筋状に半目残っています。

❷輪にしたゴムテープをはさんで、最終段の頭の2本と16段めの半目に針を入れます。

❸糸をかけて引き抜きます。

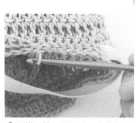

❹同様に繰り返して、1周編みます。

斜め模様のかごバッグ

[糸] DARUMA SASAWASHI(25g玉巻き・並太タイプ)
　　　　茶色(9)250g
[用具] 7/0号かぎ針
[ゲージ] 模様編み　16.5目9.5段が10cm四方
[サイズ] 幅44cm、深さ28cm

[編み方]　糸は1本どりで編みます。
輪の作り目をして底から編み始めます。中長編みで増しながら編み、最終段は細編みで編みます。続けて側面を模様編みで増減なく編みます。さらに中長編みを編みます。持ち手は中長編みの2段めから続けて鎖65目作ります。次段の中長編みは、鎖の半目と裏山を拾って編みます。

中長編みと中長編み表引上げ編みの右上交差

❶立上りの鎖2目を編み、針に糸をかけて、前段の最後の目に矢印のように針を入れます。

❷針に糸をかけて引き出します。

❸針に糸をかけて3ループを引き抜き、中長編みの表引上げ編みを編みます。

❹立上りの鎖2目と中長編み表引上げ編みの右上交差が編めました。

❺1目とばして中長編みを編みます。

❻前段の1目手前の中長編みを矢印のようにすくって、中長編みの表引上げ編みを編みます。

❼中長編みと中長編み表引上げ編みの右上交差が編めました。

❽記号図どおり編みます。

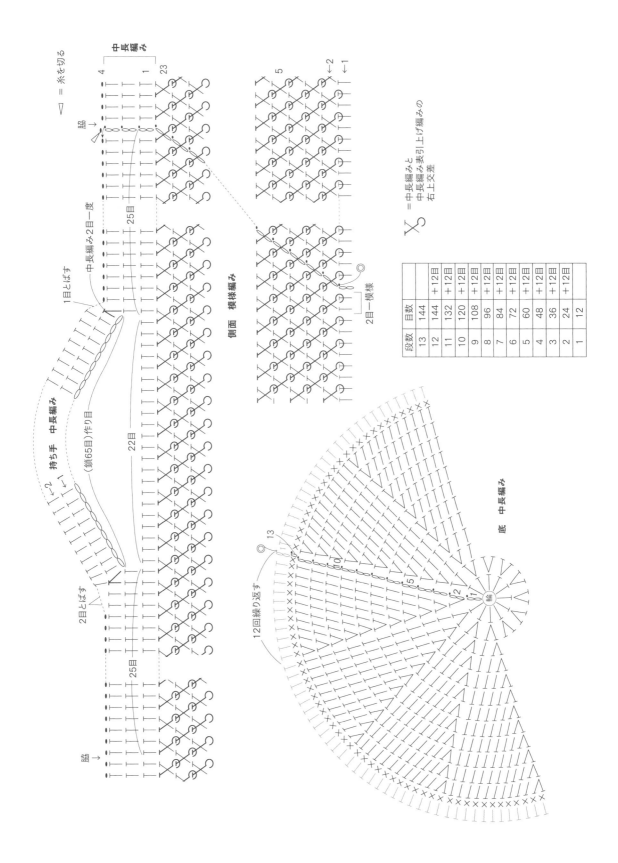

飾りベルトのハット

- [糸] メルヘンアート マニラヘンプヤーン
  （20ｇ玉巻き・並太タイプ）
  ストロー(507)77ｇ、ブラック(510)11ｇ
- [用具] 7/0号かぎ針
- [その他] 直径1.7cmのボタン(黒)を1個
- [ゲージ] 細編み　16目19段が10cm四方
- [サイズ] 頭回り56cm、深さ15cm
- [編み方] 糸は1本どりで、指定の配色で編みます。

鎖編みの作り目をしてクラウンから編み始めます。1段めは鎖半目と裏山を拾って編み、反対側は鎖半目を拾います。図のように増しながら29段編みます。続けて、ブリムを13段編みます。
飾りベルトはクラウンと同様に編み始め、細編みで編みます。図のように重ねてボタンでとめます。

ブリム

段数	目数	
13	150	
12	150	+6目
11	144	
10	144	+6目
9	138	
8	138	+6目
7	132	+6目
6	126	+6目
5	120	+6目
4	114	+6目
3	108	+6目
2	102	+6目
1	96	+6目

クラウン

段数	目数	
29〜25	90	
24	90	+6目
23	84	
22	84	
21	84	
20	84	+6目
19	78	
18	78	+6目
17	72	
16	72	
15	72	+6目
14	66	
13	66	+6目
12	60	
11	60	
10	60	+6目
9	54	
8	54	+6目
7	48	+6目
6	42	+6目
5	36	+6目
4	30	+6目
3	24	+6目
2	18	+6目
1	12	

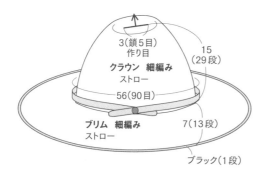

飾りベルトのまとめ方

ボタンでとめる

飾りベルト　細編み　ブラック

飾りベルト

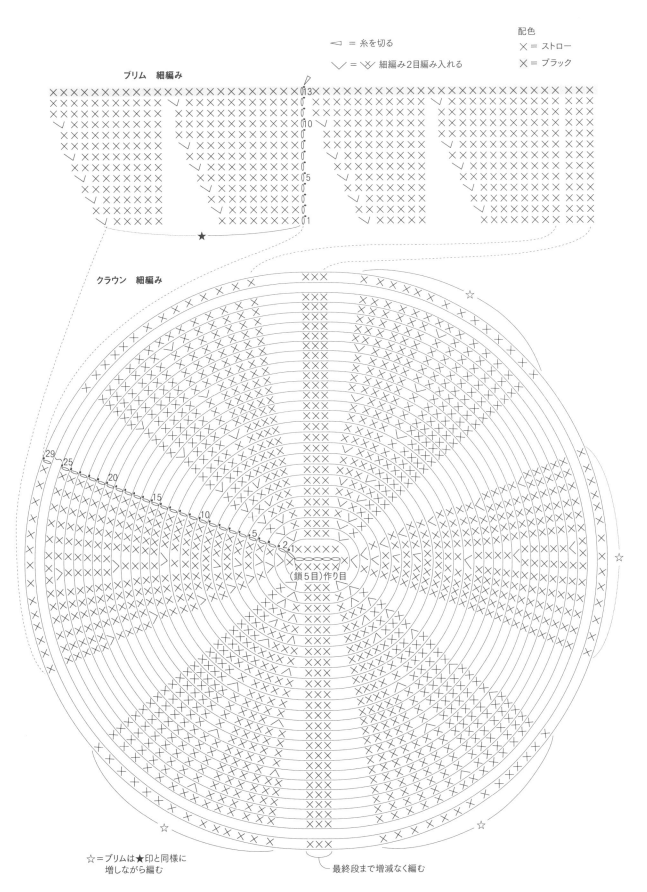

斜め掛けショルダー

模様編み

- [糸] DARUMA ウールジュート（100mコーン巻き・極太タイプ）
  グレー（2）357m
- [用具] 8/0号かぎ針
- [ゲージ] 細編み　15目15段が10cm四方、
  模様編み　15.5目が10cm、4段が3cm
- [サイズ] 幅29cm、深さ27cm
- [編み方] 糸は1本どりで編みます。

側面は鎖編みの作り目をして編み始めます。1段めは鎖半目と裏山を拾って編み、反対側は鎖半目を拾います。角は図のように増しながら編みます。同じものを2枚編みます。

ショルダーひも・まちは、鎖編みの作り目をして編み始め、1段めを編んでから最初の目に引き抜いて輪にします。1段めは鎖半目と裏山を拾って模様編みを編み、反対側は糸をつけて鎖半目を拾って編みます。糸は切らずに残しておきます。

本体とまちを中表に合わせ、まち側を手前に持ち、残しておいた糸で引抜きはぎで合わせます。

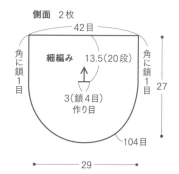

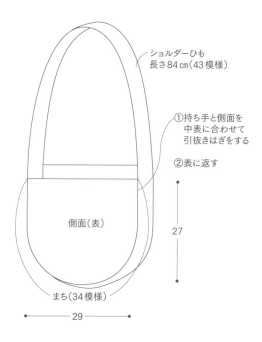

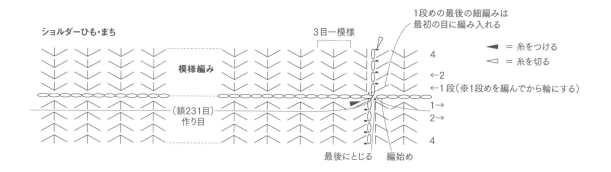

側面 細編み

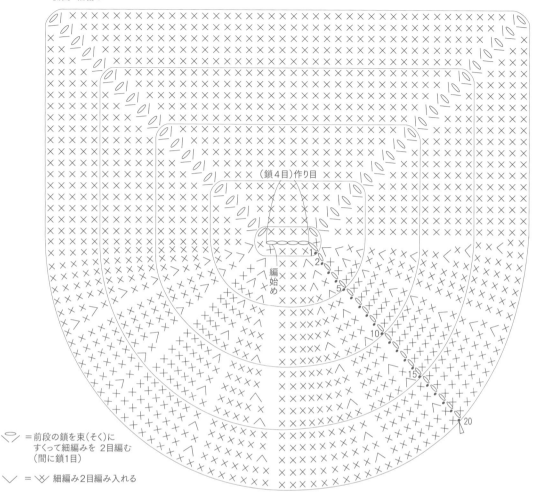

◯⌒◯ = 前段の鎖を束(そく)に
すくって細編みを 2目編む
(間に鎖1目)

∨ = ×× 細編み2目編み入れる

---

page » 10

ドロップバッグ

[糸] ハマナカ 亜麻糸《リネン》30
（30ｇコーン巻き・並太タイプ）赤(110)185ｇ
[用具] 6/0号かぎ針
[ゲージ] 模様編み　3.5模様10段が10cm四方
[サイズ] 幅28cm、深さ28cm
[編み方] 糸は1本どりで編みます。

鎖編みの作り目をして編み始めます。1段めは鎖半目と裏山を拾って編み、反対側は鎖半目を拾います。底は模様編みで、図のように増しながら、輪に6段編みます。側面は増減なく22段編みます。
続けて、持ち手を増減しながら編みます。編終りの糸端は30cmくらい残して切ります。持ち手通しは、側面の指定の位置に糸をつけて編みます。編終りの糸端は30cmくらい残して切ります。
持ち手と持ち手通しの合い印どうしを合わせて、残しておいた糸で巻きかがりをします。

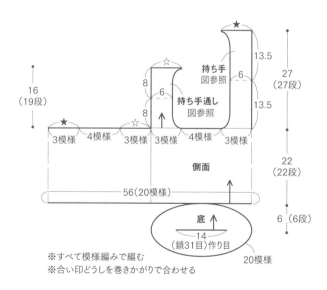

※すべて模様編みで編む
※合い印どうしを巻きかがりで合わせる

次ページへ続く

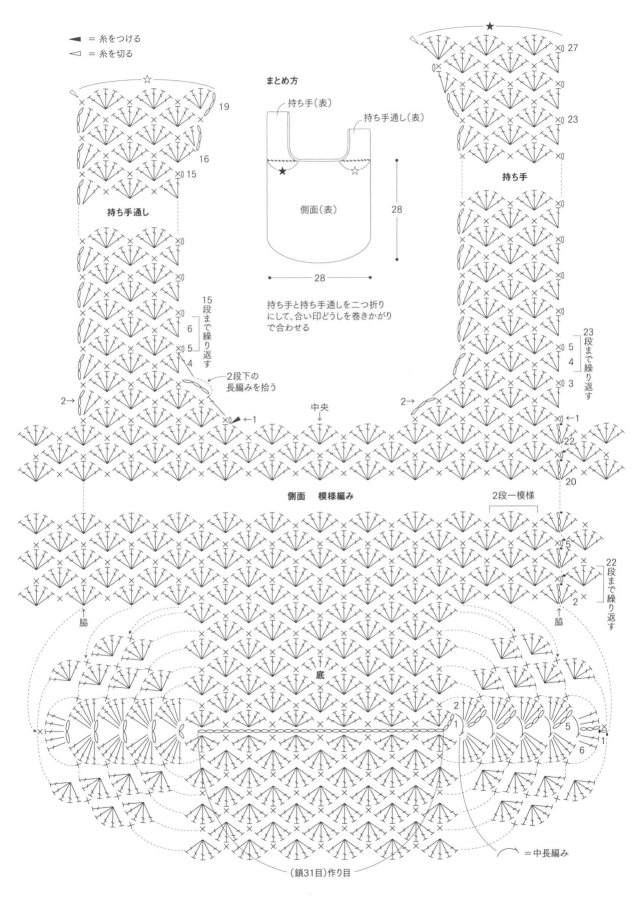

編込みハンドルのバッグ

[糸] ハマナカ コマコマ(40g玉巻き・太タイプ)
生成り(1)240g、黒(12)106g
[用具] 8/0号かぎ針
[ゲージ] 細編み・細編みの編込み模様　13目13段が10cm四方
[サイズ] 幅32cm、深さ22cm
[編み方] 糸は1本どりで、指定の配色で編みます。

輪の作り目をして底から編み始めます。増しながら14段編みます。続けて、側面を増減なく編みます。持ち手は鎖編みの作り目をして編み始めます。1段めは鎖半目と裏山を拾って編み、反対側は鎖半目を拾います。細編みの編込み模様は、編まない糸を編みくるみます(p.31参照)。角は鎖2目で編み、次段は鎖を束(そく)にすくって編みます。段の終りは立上りの鎖目を拾って中長編みで編みます。持ち手を側面の指定位置に縫いつけます。タッセル(p.44参照)を作り、持ち手につけます。

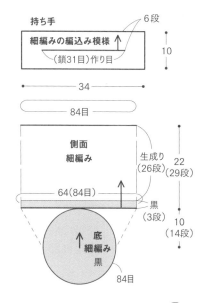

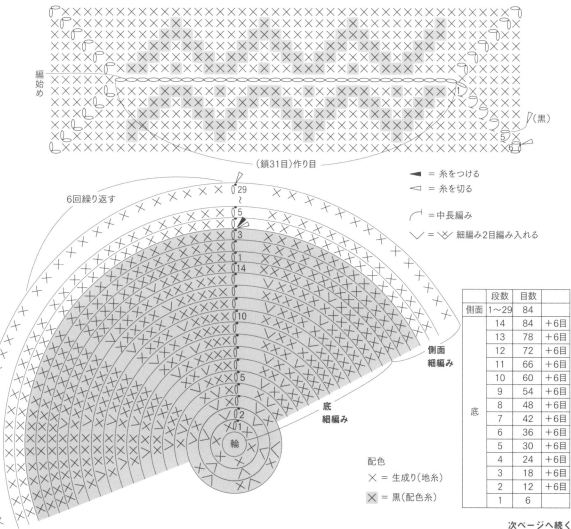

段数	目数	
側面 1～29	84	
14	84	+6目
13	78	+6目
12	72	+6目
11	66	+6目
10	60	+6目
9	54	+6目
8	48	+6目
7	42	+6目
6	36	+6目
5	30	+6目
4	24	+6目
3	18	+6目
2	12	+6目
1	6	

次ページへ続く

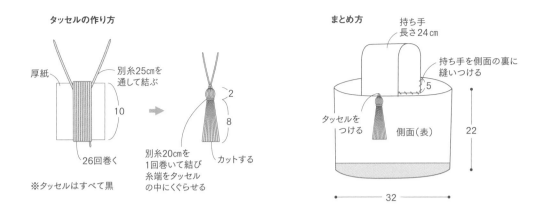

page » 13

ミニキューブボストン

[糸] DARUMA GIMA（30ｇ玉巻き・極太タイプ）
　　　　ベージュ（6）133ｇ、黒（7）33ｇ
[用具] 8/0号かぎ針
[その他] 長さ40cmのファスナーを1本（ベージュ）、
　　　　手芸用テグス1号（ファスナーつけ、持ち手つけ用）
　　　　19.5×10cmの厚手フェルト1枚（底板用）
[ゲージ] 細編み　14.5目14段が10cm四方
[サイズ] 幅23cm、深さ17cm、まち12cm

[編み方]　糸は1本どりで、指定の配色で編みます。
側面・底は鎖編みの作り目をして編み始めます。1段めは鎖目と裏山を拾って編み、反対側は鎖半目を拾います。角は鎖2目で編み、次段は鎖を束（そく）にすくって編みます。段の終りは立上りの鎖目を拾って中長編みで編みます。
まちは鎖編みの作り目をして編み始めます。1段めは鎖半目と裏山を拾って細編み9目、ファスナーあきの鎖47目、細編み9目を編みます。2段めから角で増しながら編みます。ファスナーを指定の位置にテグス（1本どり）で返し縫いでつけます。
持ち手は側面・底と同様に編み始め、両端を図のように増しながら編みます。同じものを2本編みます。
側面・底とまちの合い印どうしを外表に合わせ、側面を手前に持ち、糸をつけて縁編みをぐるりと編みます。持ち手を側面の指定位置にテグス（2本どり）で縫いつけます。底板を入れます。

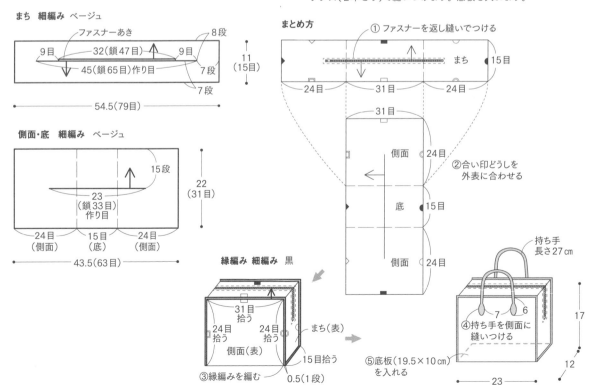

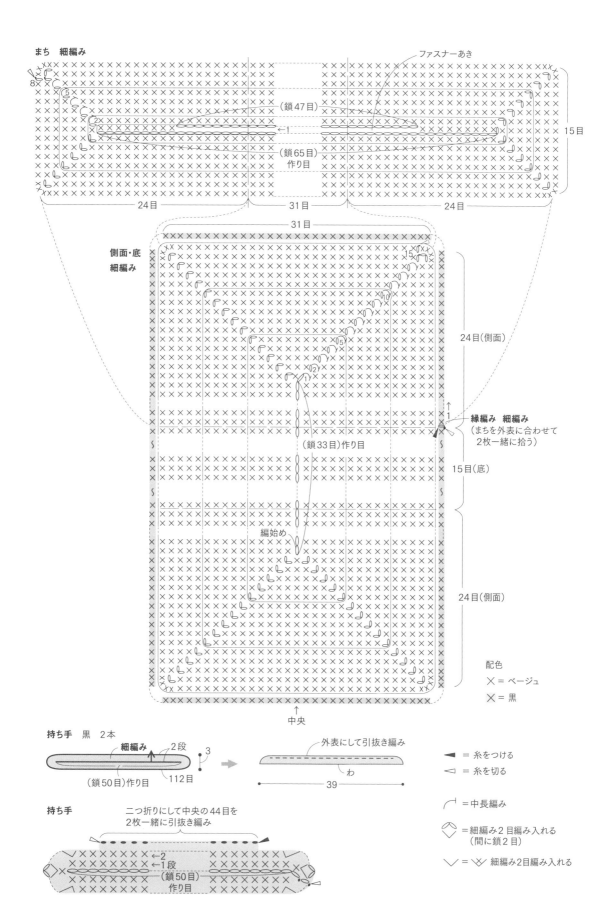

モチーフ仕立てのハンドバッグ

- [糸] DARUMA GIMA（30ｇ玉巻き・極太タイプ）
  ダークグリーン（3）150ｇ
- [用具] 8/0号かぎ針
- [ゲージ] 細編み　14目14段が10cm四方
- [サイズ] 幅34cm、深さ14.5cm、まち6cm

[編み方] 糸は1本どりで編みます。
まちは鎖編みの作り目をして編み始めます。1段めは鎖半目と裏山を拾って編み、反対側は鎖半目を拾います。図のように増しながら編みます。同じものを2枚編みます。
本体はまちと同様に編み始めます。角は図のように増しながら編みます。段の終りは立上りの鎖目を拾って中長編みで編みます。19段めの指定位置で、持ち手穴の鎖編みを19目編み、次段は鎖半目と裏山を拾って編みます。最終段の引抜き編みを編む前に、すべてのパーツにスチームアイロンを当てて形を整えます。合い印どうしを外表に合わせて、残しておいた糸で最終段の引抜き編みを1周編みます。持ち手穴の内側に糸をつけ、引抜き編みを1周編みます。

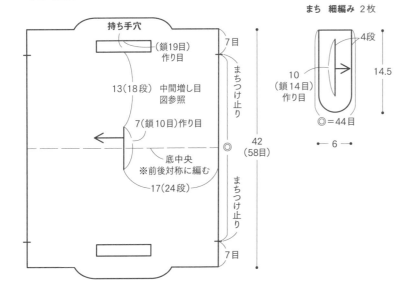
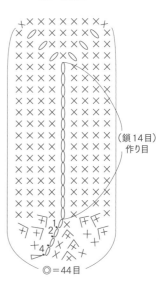

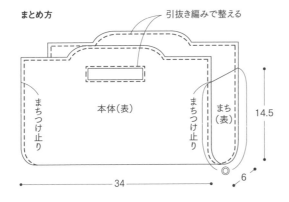

①本体とまちをの合い印どうしを
　まち針などでとめる
②本体に続けて引抜き編みをする
　◎印部分は、まちを一緒に拾って引き抜く
③持ち手穴の内側に糸をつけて
　引抜き編みで整える

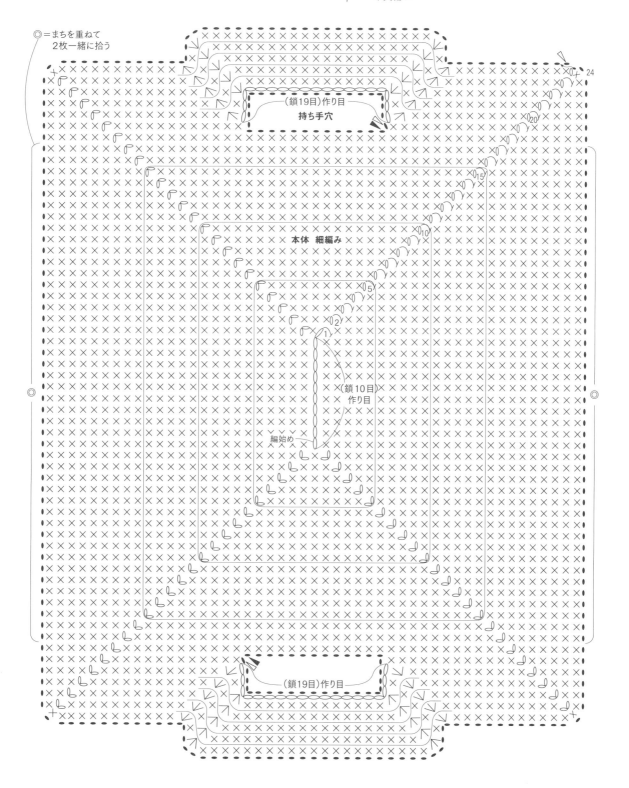

page » 14

エディターズトート

[糸] メルヘンアート マニラヘンプヤーン
　　　　（20ｇ玉巻き・並太タイプ） ストロー(507)240ｇ
[用具] 7/0号かぎ針
[ゲージ] 模様編み　14.5目14.5段が10cm四方
　　　　　細編み　　14.5目が10cm、10段が6.5cm
[サイズ] 幅31cm、深さ30cm、まち13cm

[編み方]　糸は1本どりで編みます。
鎖編みの作り目をして底から編み始めます。1段めは鎖半目と裏山を拾って編み、反対側は鎖半目を拾います。角は図のように増しながら編みます。続けて、側面を模様編みで編みます。段の始めと終りは写真を参照して編みます。縁編みは細編みで5段編みます。
持ち手は底と同様に編み始め、図のように増しながら編みます。同じものを2本編みます。持ち手を側面の指定位置に縫いつけます。

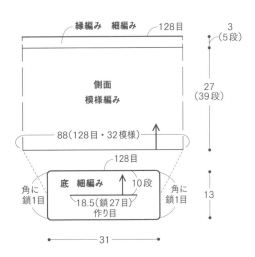

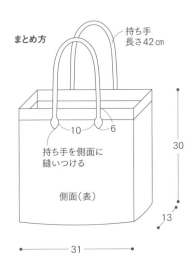

模様編み　段の始めと終りの編み方

❶立上りの鎖1目を編みます。細編み3目一度の最初の目は、矢印のように前段の1目手前に針を入れます。

❷矢印のように針を入れたら、糸をかけて引き出します。

❸引き出したら、続けて2目め、3目めを同様に引き出します。

❹未完成の細編みが3目編んだところ。針に糸をかけて4ループを一度に引き抜きます。

❺段の始めの細編み3目一度が編めました。記号図どおり1周編みます。

❻段の終りは、最初の目に針を入れ、糸をかけて引き抜きます。

❼1段編めました。

❽記号図どおり編みます。

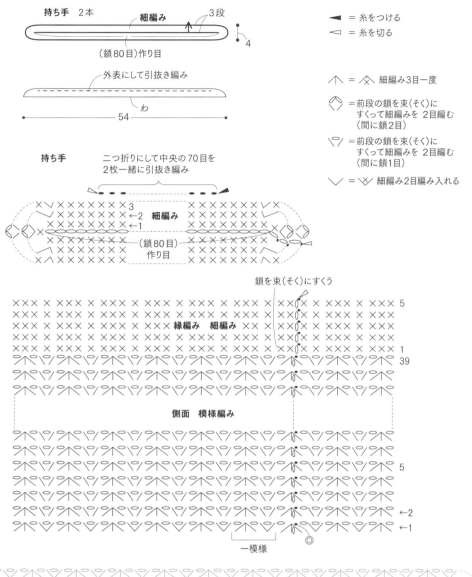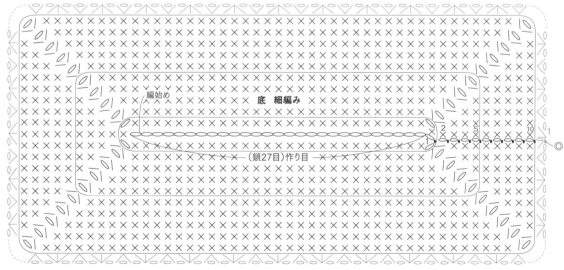

丸底たっぷりワンショルダー

[糸] DARUMA SASAWASHI(25ｇ玉巻き・並太タイプ)
　　　　生成り(1)225ｇ
[用具] 7/0号かぎ針
[ゲージ] 模様編み　4.5模様8段が10cm四方
[サイズ] 幅36cm、深さ28cm

[編み方] 糸は1本どりで編みます。
輪の作り目をして底から編み始めます。長編みで増しながら編みます。続けて側面を模様編みで往復に23段編みます。段の終りの編み方は写真を参照して編みます。
持ち手は図のように減らしながら7段、増減なく11段編みます。もう一方の持ち手は糸をつけて同様に編みます。持ち手の合い印どうしを巻きかがりで合わせます。

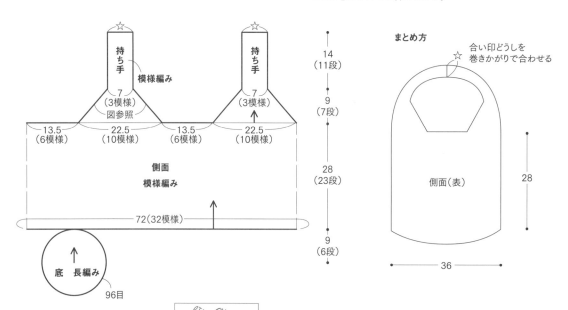

模様編み　段の終りの編み方

❶1段めの終りの中長編みは立上りの鎖編みの3目めに針を入れます。

❷糸をかけて引き出し、中長編みを編みます。

❸2段めは立上りの鎖3目を編んだら、編み地を持ち替えて裏から編みます。

❹針に糸をかけて、前段の中長編みを束(そく)にすくって長編みを2目編みます。

❺長編み2目が編めたところ。記号図どおり編み進めます。

❻2段めの終りは、1段めと同様に立上りの鎖3目めに針を入れ、中長編みを編みます。

❼2段めが編めました。

❽記号図どおり往復に編みます。

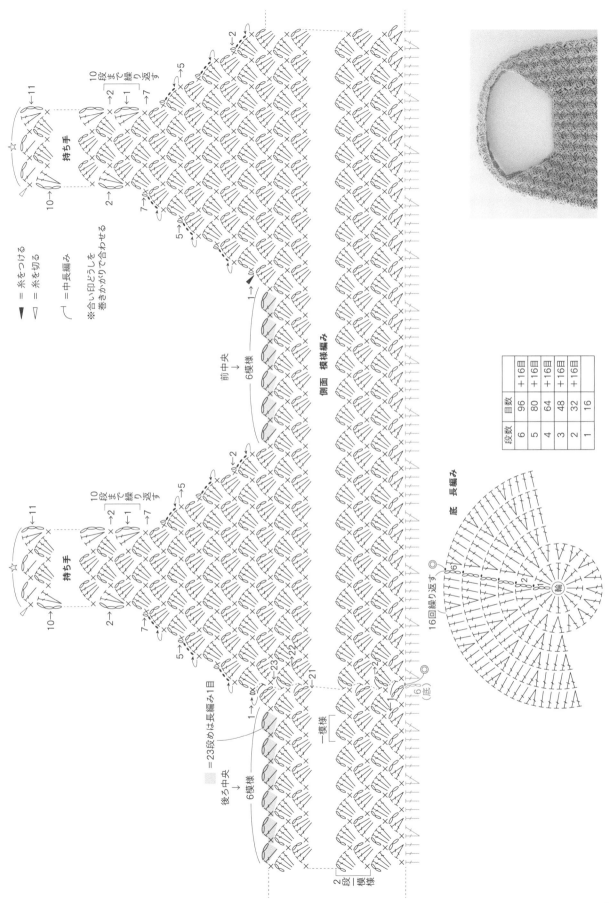

page » 17

透しブリムのハット

- [糸]　メルヘンアート マニラヘンプヤーン
　　　　（20ｇ玉巻き・並太タイプ）　ストロー（507）78ｇ
- [用具]　7/0号かぎ針
- [その他]　ハマナカ テクノロート（形状保持材／H204-593／20m巻き）を２m、熱収縮チューブ（H204-605／長さ約30㎝）を６㎝
- [ゲージ]　細編み　15目17.5段が10㎝四方
- [サイズ]　頭回り58㎝、深さ8.5㎝

[編み方]　糸は１本どりで編みます。

鎖編みの作り目をしてトップから編み始めます。１段めは鎖半目と裏山を拾って編み、反対側は鎖半目を拾います。図のように増しながら輪に編みます。トップの最終段は、写真を参照してねじり細編みで編みます。続けてクラウンの１段めは筋編み、２段め以降細編みで編みます。ブリムは１段めのみ前段の手前半目を拾って編みます。細編みで増しながら、さらに模様編みで増減なく編みます。最後の細編み２段は、写真を参照してテクノロートを編みくるみます。

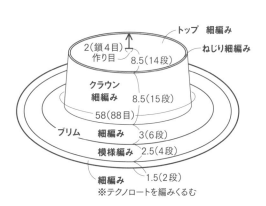

トップ

段数	目数	
14★	82	
13	82	+6目
12	76	+6目
11	70	+6目
10	64	+6目
9	58	+6目
8	52	+6目
7	46	+6目
6	40	+6目
5	34	+6目
4	28	+6目
3	22	+6目
2	16	+6目
1	10	

★14段めはねじり細編み
※指定以外は細編み

クラウン

段数	目数	
15	88	
～		
3		
2	88	+6目
1☆	82	

☆1段めは筋編み

ブリム

	段数	目数	
細編み	2	177目	
	1		
模様編み	4	59模様	
	～		
	1		
細編み	6	118	+6目
	5	112	+6目
	4	106	+6目
	3	100	+6目
	2	94	+6目
	1♡	88	

♡1段めは前段の手前半目をすくう

テクノロートの編みくるみ方

❶立上りの鎖１目を編み、矢印のように針を入れます。

❷テクノロート（端の処理と扱い方は添付の説明書を参照）の輪の中に針を入れます。

❸針に糸をかけて輪の中から糸を引き出し、テクノロートを編みくるみながら、細編みを編みます。

❹鎖編みから拾う細編みは、鎖編みを束（そく）に拾ってテクノロートを編みくるみます。

❺２段めの最後の５目まで編んだら、テクノロートの輪が細編みの最後の目の上に重なるようにします。

❻最後の細編みの目を拾ったら、テクノロートの輪の中に針を入れます。

❼針に糸をかけて引き出し、細編みを編みます。

❽最初の目に引き抜いて、２段めが編めました。

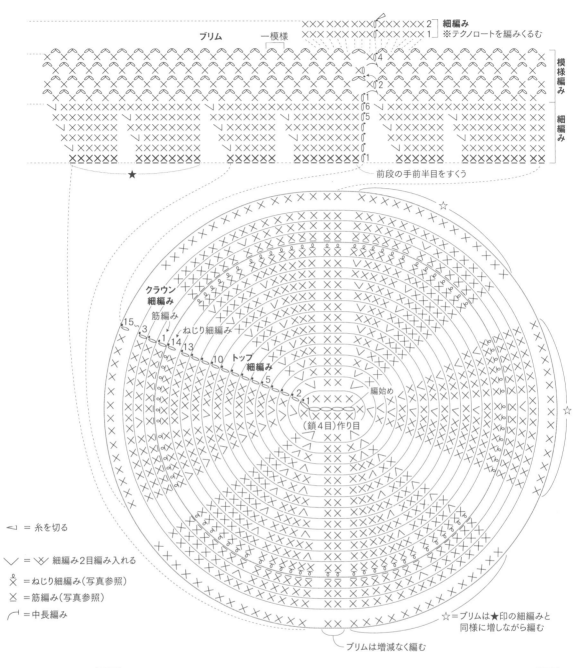

ねじり細編み

❶立上りの鎖1目を編み、矢印のように針を入れ、糸をかけて引き出します。

❷針を反時計回りに1回転させます。

❸針に糸をかけて細編みを編みます。

❹ねじり細編みが編めました。

筋編み

前段のねじり細編みの向う側半目をすくって編みます。

サニーデートート

[糸] DARUMA マテリアルコード（40ｇ玉巻き・合太タイプ）
水色（６）85ｇ、紺（８）33ｇ、黄色（７）24ｇ、白（１）22ｇ
[用具] 7/0号かぎ針
[ゲージ] 細編みの編込み模様　19目20段が10cm四方
[サイズ] 幅25cm、深さ30.5cm、まち9cm
[編み方] 糸は指定以外は１本どり、側面の最終段の引抜き編み
は２本どりで、指定の配色で編みます。
鎖編みの作り目で底から編み始めます。２段めから配色糸ａ（白）を
編みくるみながら細編みで編みます（p.31参照）。角は図のように増
しながら編みます。続けて、側面を細編みの編込み模様（p.31参照）
で編みます。編まない糸は編みくるみます。最終段は引抜き編みで
１段編みます。
持ち手は底と同様に編み始め、図のように増しながら編みます。同
じものを２本編みます。持ち手を側面の指定位置に縫いつけます。

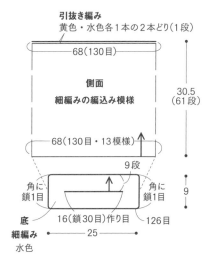

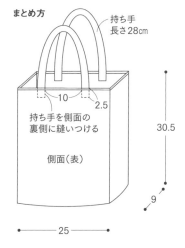

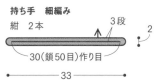

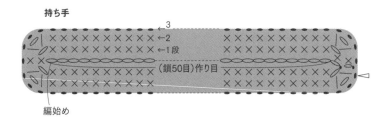

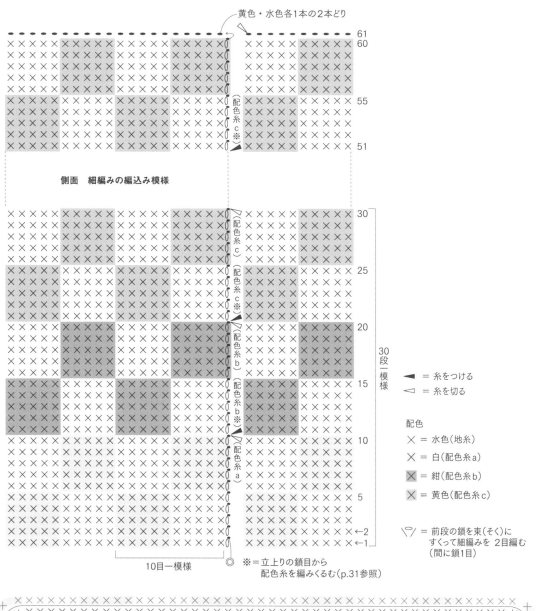
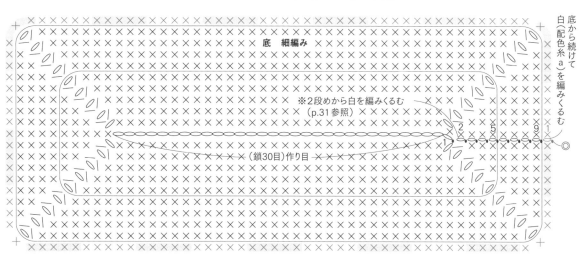

page » 18

グラニーレースのショール

模様編み

- [糸]　パピー リノフレスコ(25ｇ玉巻き・中細タイプ)
　　　　ベージュ(320)100ｇ
- [用具]　4/0号かぎ針
- [ゲージ]　模様編み　23.5目12段が10cm四方
- [サイズ]　幅143cm、長さ47cm
- [編み方]　糸は1本どりで編みます。

鎖編みの作り目をして編み始めます。1段めの長編みは鎖半目と裏山を拾って編みます。2段めから、図のように編終り側の鎖編みで増し、次段で鎖半目と裏山を拾って編みます。鎖編みから拾う細編みと長編みは、前段の鎖編みを束(そく)にすくって編みます。模様編みを55段編み、縁編みを1段編みます。

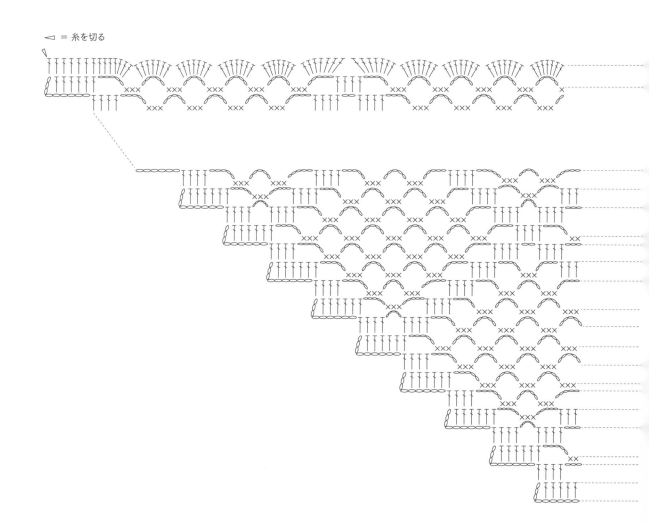

◁ ＝ 糸を切る

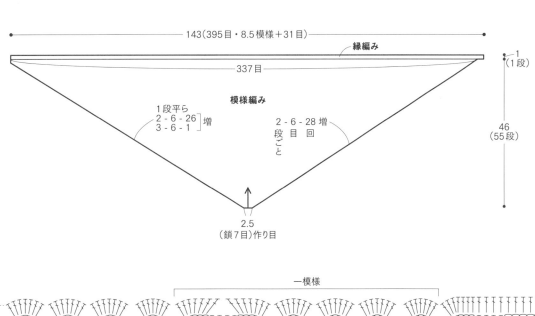
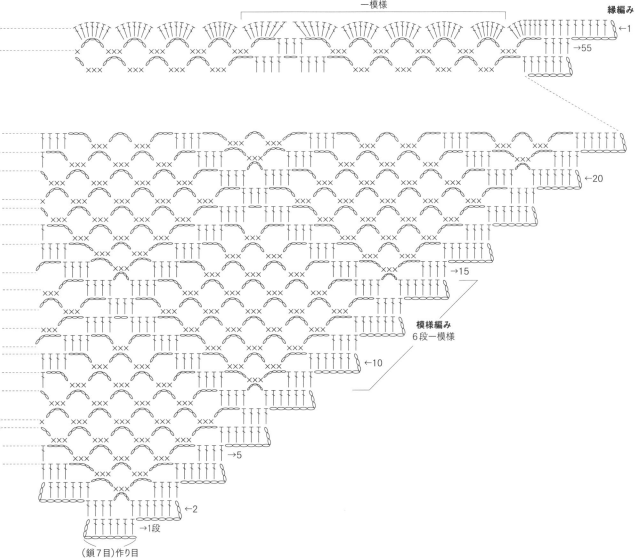

page » 19

ヘリンボーンのスクエアバッグ

模様編み

[糸] ハマナカ ポームコットンリネン(25g玉巻き・並太タイプ)
　　　　ベージュ(202) 200g
[用具] 6/0号かぎ針
[ゲージ] 模様編み　20目18段が10cm四方
[サイズ] 幅32cm、深さ28cm
[編み方] 糸は1本どりで編みます。

鎖編みの作り目をして底から編み始めます。1段めは鎖半目と裏山を拾って編み、反対側は鎖半目を拾います。底は中長編み、側面は模様編みと細編みで増減なく輪に編みます。
持ち手は底と同様に編み始め、図のように増しながら編みます。鎖編みから拾う中長編みは、前段の鎖編みを束(そく)にすくって編みます。
側面の指定位置に持ち手を縫いつけます。

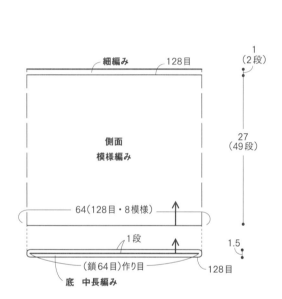

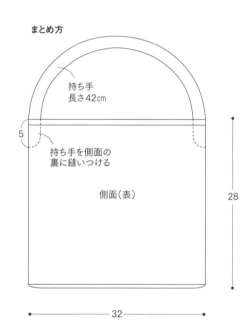

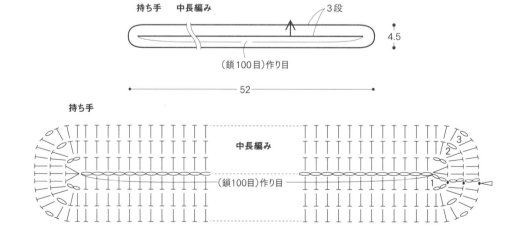

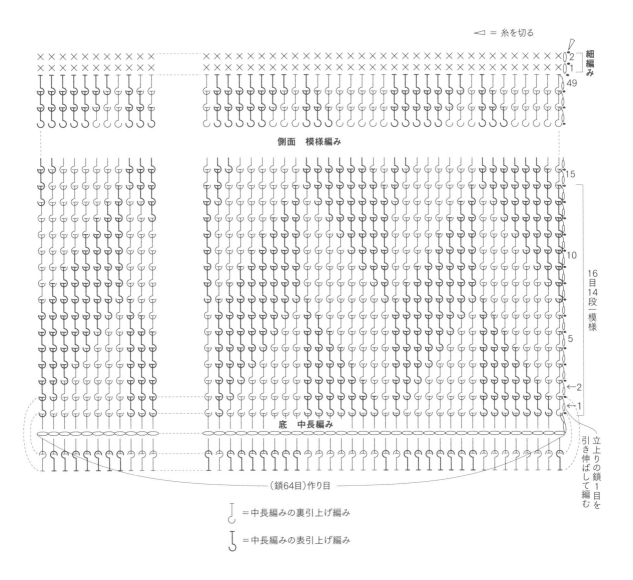

page » 21

トライアングル模様のフットカバー

[糸] ハマナカ フラックスTw(25ｇ玉巻き・合太タイプ)
　　　　ブルー(705)37ｇ
[用具] 4/0号かぎ針
[ゲージ] 模様編み　1模様が1.7㎝、14段が10㎝四方
[サイズ] 底丈23㎝、幅10㎝
[編み方] 糸は1本どりで編みます。

輪の作り目をして、つま先から編み始めます。鎖編みから拾う編み目は、前段の鎖編みを束(そく)にすくって編みます。輪に15段編み、続けて往復に18段編みます。最終段を中表にし、合い印どうしを鎖はぎで合わせます。
※左右同様に編みます。

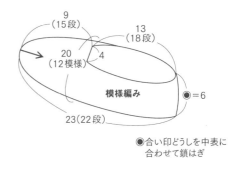

●合い印どうしを中表に
　合わせて鎖はぎ

次ページへ続く

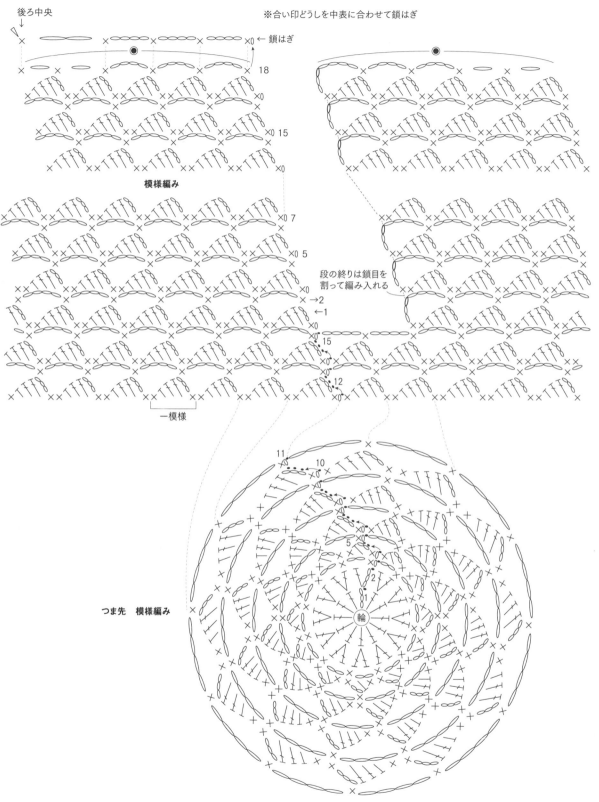

リングつなぎのスリッパ

[糸] ハマナカ コマコマ(40g玉巻き・太タイプ)
　　　　ベージュ(2)143g、
　　　　エコアンダリヤ(40g玉巻き・並太タイプ) 白(1)11g
[用具] 8/0号、7/0号かぎ針
[その他] ハマナカ テクノロート(形状保持材／H204-593／20m巻き)を10m、熱収縮チューブ(H204-605／長さ約30cm)を適宜、ニットリング(H204-588-21／外径21mm)を24個、手芸用テグス1号
[ゲージ] 細編み(コマコマ 8/0号針) 13目が10cm、6段が4.5cm
[サイズ] 底丈25cm、幅11.5cm

[編み方] 糸は1本どりで編みます。
底は鎖編みの作り目をして編み始めます。1段めは鎖の半目と裏山を拾って編み、反対側は鎖半目を拾います。2段めからテクノロートを編みくるみます(p.52参照)。同じものを2枚編みますが、1枚は糸を切らずに残しておきます。2枚を外表に合わせて、残しておいた糸で引抜きはぎを1周します。
甲はニットリングに糸をつけて連続モチーフで編みます(p.30参照)。底にテグスで縫いつけます。
※左右同様に編みます。

甲　2枚　7/0号針　エコアンダリヤ
連続モチーフ(12枚)

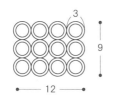

底　4枚　8/0号針
コマコマ

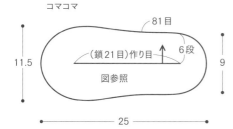

※左右同様に編む

甲　リングつなぎの編み方　ニットリングに糸をつけて、番号順に細編みで編みくるむ　◁ = 糸を切る

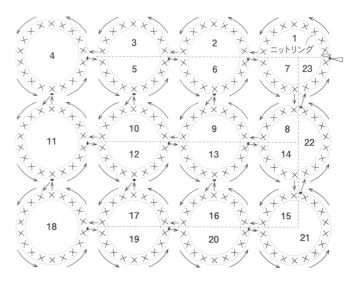

底　2段めからテクノロートを編みくるむ(p.52参照)

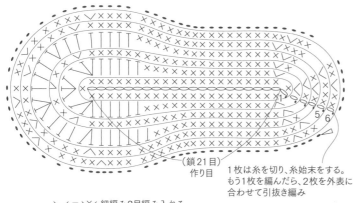

∨ = ＼／ 細編み2目編み入れる

1枚は糸を切り、糸始末をする。もう1枚を編んだら、2枚を外表に合わせて引抜き編み

まとめ方

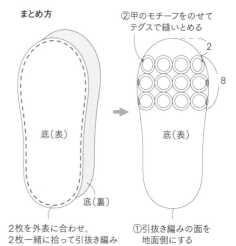

②甲のモチーフをのせてテグスで縫いとめる

2枚を外表に合わせ、2枚一緒に拾って引抜き編み

①引抜き編みの面を地面側にする

パイナップル模様のフットカバー

- [糸] ハマナカ フラックスTw
  (25g玉巻き・合太タイプ)
  ベージュ(707)32g
- [用具] 4/0号かぎ針
- [ゲージ] 模様編み　1模様が5cm、12段が10cm
- [サイズ] 底丈22cm、幅10cm
- [編み方] 糸は1本どりで編みます。

輪の作り目をして、つま先から編み始めます。2段め以降、鎖編みから拾う長編みは、前段の鎖編みを束(そく)にすくって編みます。輪に12段編み、続けて往復に12段編みます。最終段を中表にし、合い印どうしを細編みではぎ合わせます。
※左右同様に編みます。

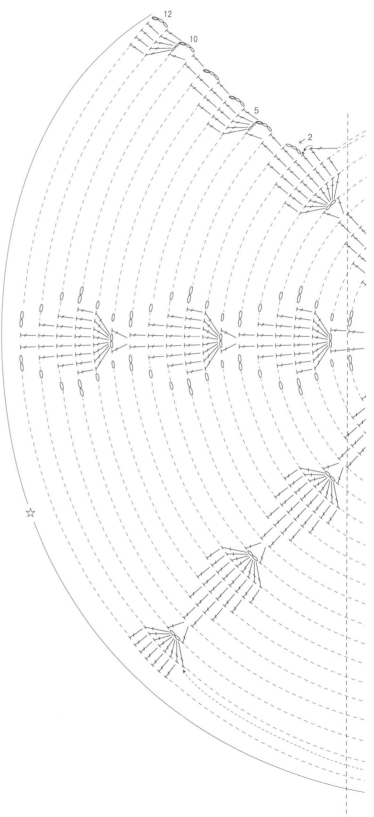

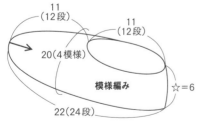

☆合い印どうしを中表にして
　細編みではぎ合わせる

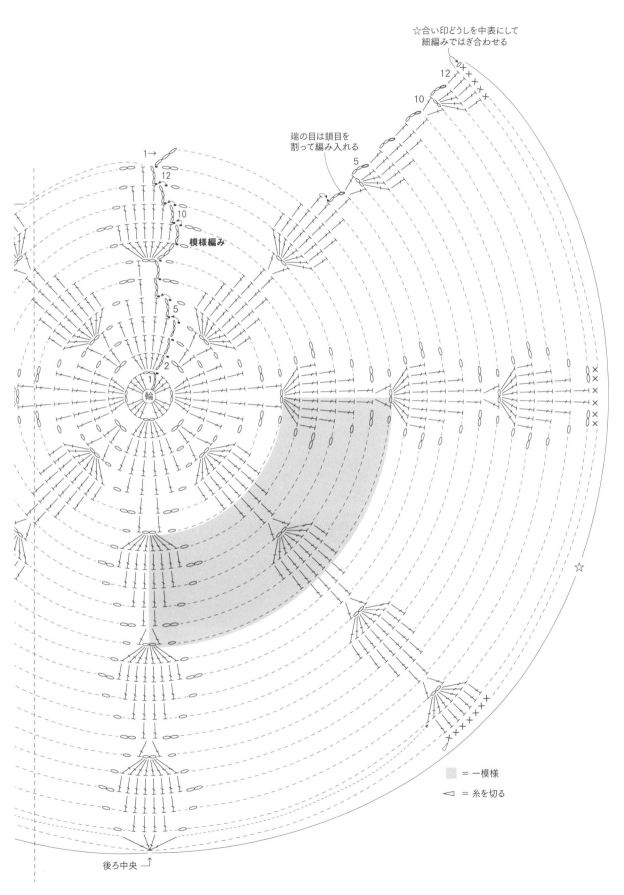

2枚はぎのラージバッグ

[糸]　メルヘンアート マニラヘンプヤーン
　　　　（20g玉巻き・並太タイプ）　ブラック(510) 220g
[用具]　7/0号かぎ針
[ゲージ]　変り中長編み　14目10段が10cm四方
　　　　　変り長編み　14目が10cm、4段が5.5cm
[サイズ]　幅53cm、深さ31cm　まち10cm

[編み方]　糸は1本どりで編みます。
鎖編みの作り目を輪にして編み始めます。1段めは鎖半目と裏山を拾って、変り中長編みを編みます。角で増しながら、側面中央は変り長編み、側面左右と持ち手は変り中長編みで、2段めまでは輪に、3段め以降は往復に編みます。まちは増減なく変り中長編みで編みます。同じものを2枚編み、2枚めの糸を切らずに残しておきます。2枚ともスチームアイロンを当て、2枚を中表に合わせて、残しておいた糸で引抜きはぎをします。糸は切らずに表に返し、入れ口と持ち手の縁編みを1周編みます。

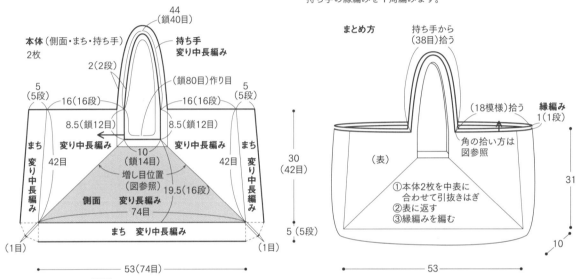

変り中長編み

❶針に糸をかけて前段の目を拾います。

❷針に糸をかけて引き出します。

❸針にかかっている左側のループを真ん中のループにくぐらせます。

❹針に糸をかけて2ループを引き抜きます。

❺変り中長編みが編めました。

変り長編み

❶針に糸をかけて前段の目を拾い、糸をかけて引き出します。

❷針にかかっている左側のループを真ん中のループにくぐらせます。

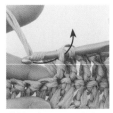
❸針に糸をかけて矢印のように引き出します。

❹針に糸をかけて2ループを引き抜きます。

❺変り長編みが編めました。

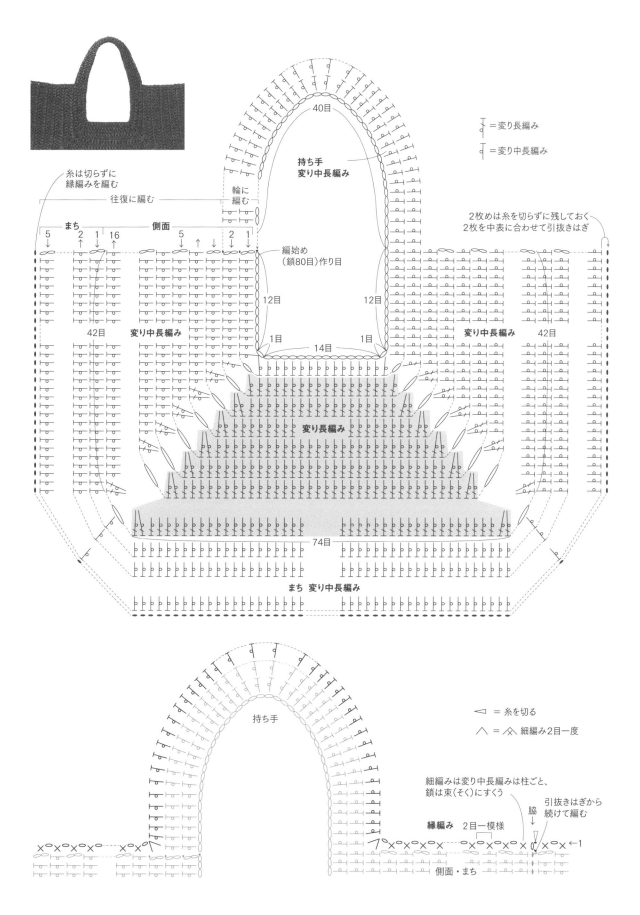

page » 23

ペットボトルホルダー

- [糸] メルヘンアート マニラヘンプヤーン
  （20ｇ玉巻き・並太タイプ）レッド（509）45ｇ
- [用具] 7/0号かぎ針
- [その他] 直径1.5cmのボタンを1個
- [ゲージ] 模様編み 14.5目18.5段が10cm四方
- [サイズ] 幅12.5cm、深さ21cm
- [編み方] 糸は1本どりで編みます。

輪の作り目をして底から編み始めます。細編みで増しながら編みます。続けて、側面を模様編みで増減なく編みます。細編みを2段編み、持ち手の鎖編みを続けて編みます。持ち手の細編みは鎖半目と裏山を拾って編みます。側面に戻り、細編みを1段編みます。持ち手に戻り、鎖半目を拾って細編みを編みます。ボタンループの鎖4目を編み、引き抜いて糸を切ります。ボタンをつけます。

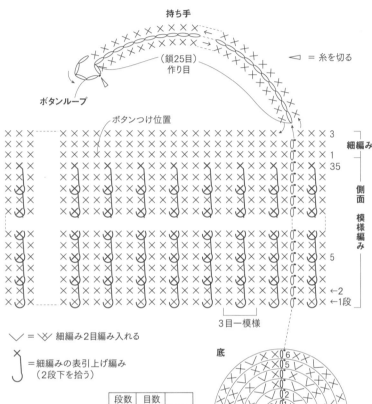

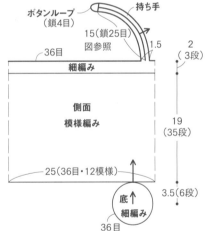

段数	目数	
6	36	+6目
5	30	+6目
4	24	+6目
3	18	+6目
2	12	+6目
1	6	

模様編み

❶模様編み3段め。立上りの鎖1目と細編み1目を編み、2段下の細編みの柱に針を入れます。

❷針を入れたところ。

❸針に糸をかけて、長めに引き出し、細編みを編みます。

❹細編みの表引き上げ編みが編めました。

❺次の目を細編みで編みます。5段め以降の細編みの表引き上げ編みは❹の目を拾って編みます。

6匹の黒猫バッグ

[糸] ハマナカ コマコマ(40g玉巻き・太タイプ)
　　　　ベージュ(2)236g、黒(12)72g
[用具] 8/0号かぎ針
[ゲージ] 細編み・細編みの編込み模様　14目12段が10cm四方
[サイズ] 幅34.5cm、深さ22.5cm
[編み方] 糸は1本どりで、指定の配色で編みます。
輪の作り目をして底から細編みで編み始めます。2段めから配色糸(黒)を編みくるみ(p.31参照)、増しながら12段編みます。続けて、側面を細編みの編込み模様(p.31参照)で増減なく編みます。細編みの6段めのみ、黒を編みくるまず指定の位置で鎖20目作ります。次段の細編みは、鎖の半目と裏山を拾って編みます。

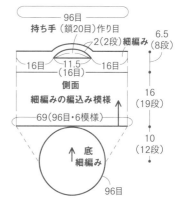

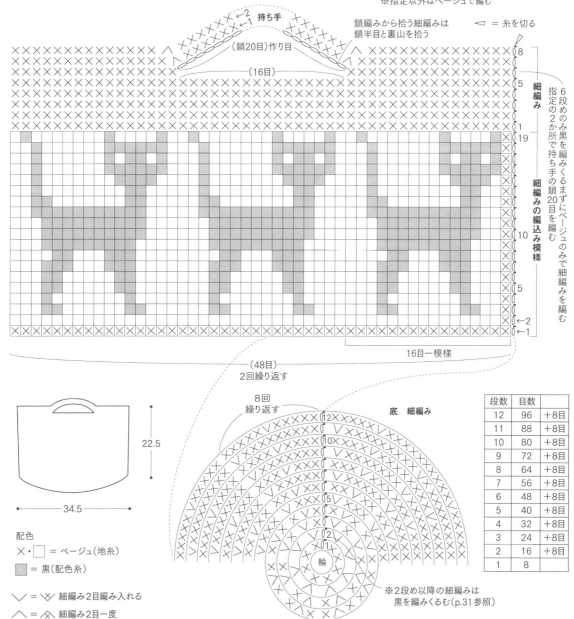

段数	目数	
12	96	+8目
11	88	+8目
10	80	+8目
9	72	+8目
8	64	+8目
7	56	+8目
6	48	+8目
5	40	+8目
4	32	+8目
3	24	+8目
2	16	+8目
1	8	

ひと息ネットバッグ

[糸] ハマナカ フラックスC（25ｇ玉巻き・中細タイプ）
　　　 白（1）40ｇ
[用具] 3/0号かぎ針
[ゲージ] 畝編み　15目が4.5cm、36段が10cm
[サイズ] 幅23cm、深さ26cm
[編み方] 糸は1本どりで編みます。

本体は鎖編みの作り目をして編み始めます。1段めは鎖の半目と裏山を拾って編みます。両端の15目は毎段、鎖の向う側半目を拾って畝編みを編みます。2段め以降の模様編みは、前段の鎖編みを束（そく）にすくって細編みを編みます。鎖の目数を増減しながら36段編みます。続けて縁編みの細編みと持ち手の鎖編みを輪に編みます。持ち手の細編みは、鎖の半目と裏山を拾って編み、記号図どおり、脇で減し目をしながら3周編みます。

畝編み

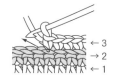

前段の目の向う側半目をすくって
細編みを編み、毎段向きを変えて
往復に編みます。2段で一つの畝
ができます。

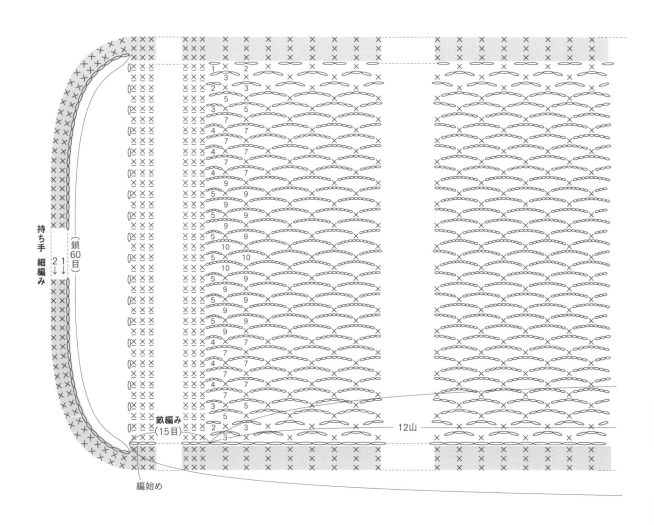

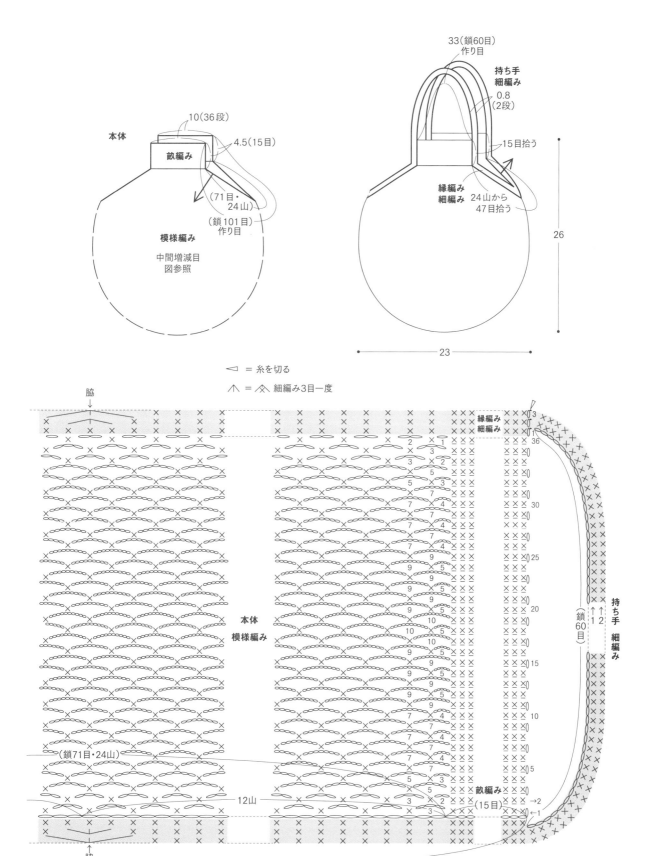

ギャザー底のポーチ

[糸]　ハマナカ 亜麻糸《リネン》30
　　　（30ｇコーン巻き・並太タイプ）
　　　茶色(111)80ｇ、ライトグレー(103)3ｇ
[用具]　6/0号かぎ針
[その他]　2×1㎝の木製ボタンを1個
[ゲージ]　細編み　20目22段が10㎝四方
[サイズ]　幅20㎝、深さ16㎝
[編み方]　糸は1本どりで、指定の配色で編みます。

前・後ろともに鎖編みの作り目をして編み始めます。1段めは鎖半目と裏山を拾って細編みを編み、反対側は鎖半目を拾います。角は図のように増しながら編みます。12段編んだら糸を切ります。後ろは糸をつけて模様編みを往復に編みます。糸は切らずに、前と後ろを中表に合わせて、写真を参照して引抜きはぎをします。

ふたは鎖編みの作り目をして編み始め、2段めから最終段まで配色糸（グレー）を編みくるみながら地糸（茶色）で編みます（p.31参照）。5段めから指定の配色で細編みの編込み模様を編みます(p.31参照)。14段めは指定の位置でボタンループを作ります。編終りは、ライトグレーは切り、茶色は50㎝ほど残して切ります。

ふたを後ろに4㎝重ねて、残しておいた糸端でまつります。

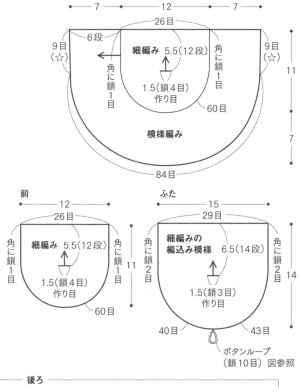

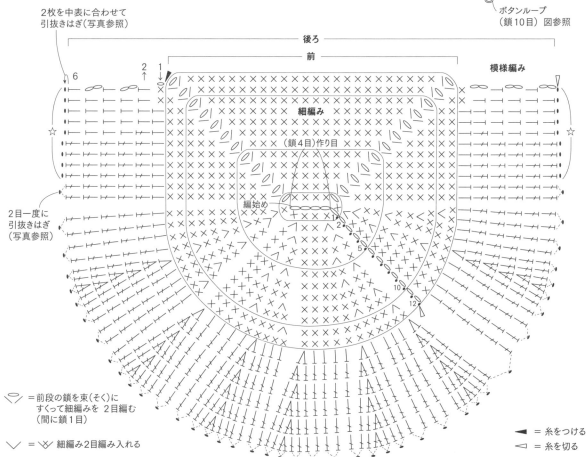

ふた　細編みの編込み模様　　配色
※2〜14段めまで　　　　　　× = 茶色(地糸)
　ライトグレーを編みくるむ　⊗ = ライトグレー(配色糸)

ボタンループ
鎖10目

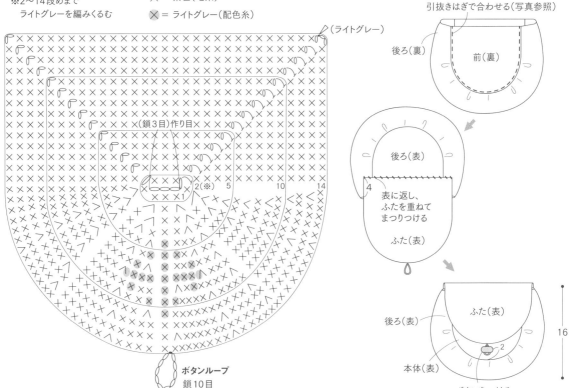

まとめ方

前・後ろを中表にして
引抜きはぎで合わせる(写真参照)

前と後ろのまとめ方

※写真ではわかりやすい色で解説しています。

❶後ろを向く側に前を手前に中表に合わせて、端の目に針を入れます。

❷後ろの編終りで残しておいた糸を針にかけて引き出します。

❸左隣の目に針を入れ、糸をかけて引き抜きます。

❹同様に繰り返して引き抜きます。

❺9目(☆)引き抜いたところ。次から後ろの目を2目一度にしながら引き抜きます。

❻後ろの1枚から引き出し、次の目に入れて引き出します。

❼2目引き出したら、針にかかっている左の目を右隣の目にくぐらせます。

❽くぐらせて2目一度にしたら、そのまま引き抜きます。

❾後ろの目を2目一度にしながら引抜き編みができました。

❿記号図どおり繰り返して引き抜きます。

page » 27

かぎ針ケース

- [糸] ハマナカ フラックスK（25ｇ玉巻き・並太タイプ）
  白(11)98ｇ、チャコールグレー(201)少々
- [用具] 6/0号、4/0号かぎ針
- [その他] ハマナカ ニットリング(H204-588-21／外径21㎜)
  1個
- [ゲージ] 模様編み　22目30.5段が10㎝四方
- [サイズ] 幅30㎝、深さ17.5㎝

[編み方]　糸は1本どりで、指定の配色で編みます。
本体は鎖編みの作り目をして編み始めます。1段めの細編みは、作り目の鎖半目と裏山を拾って編みます。2段め以降の細編みは、前々段に針を入れ、前段の鎖を編みくるんで細編みを編みます。フラップは本体と同様に編み始め、22、23段めで図のように減し目をします。
本体を指定の位置で折り上げ、フラップを本体の内側に重ねて縁編みを編みます。写真を参照して仕切りの引抜き編みを編みます。ひもをスレッドコード(p.34参照)で編み、リングモチーフを編んでひも先につけます。本体の指定の位置につけます。

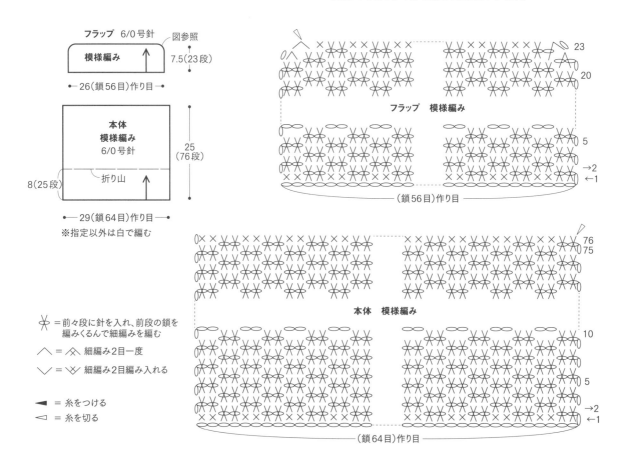

仕切りの引抜き編みの編み方

※写真ではわかりやすい色で解説しています。

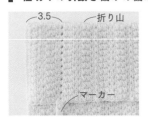

❶本体の25段めで二つ折りにし、ステッチ位置の端をマーカーなどでとめます。

❷折り山から約0.5㎝のところに針を入れ、編み地の向う側に糸をつけて引き出します。

❸引き出したら2段下に針を入れ、糸をかけて引き抜きます。

❹繰り返して最後まで引き抜いたら、糸を切ります。糸端は編み地の内側にくぐらせます。

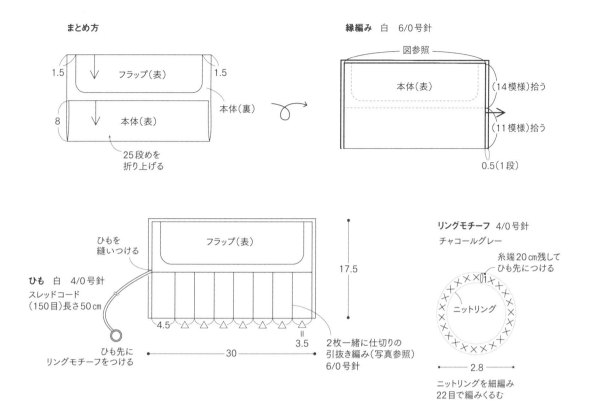

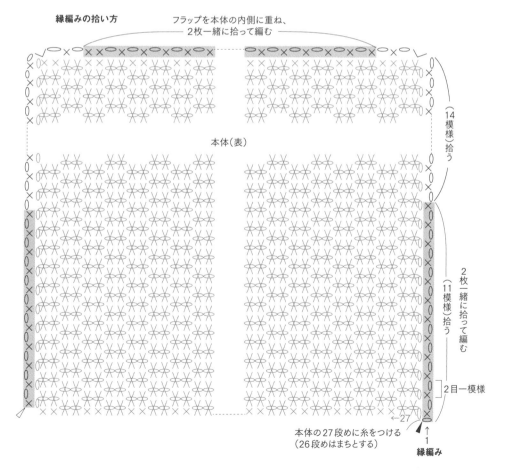

page » 29

ワイルドフラワーのバッグ

[糸] ハマナカ コマコマ(40g玉巻き・太タイプ)
ベージュ(2)350g、黒(12)95g
[用具] 8/0号かぎ針
[ゲージ] 模様編み　1模様が2.3cm、11段が10cm
[サイズ] 幅42cm、深さ24cm
[編み方] 糸は1本どりで、指定の配色で編みます。
鎖編みの作り目をして底から編み始めます。1段めは鎖の半目と裏山を拾って細編みで編みます。反対側は鎖半目を拾って編みます。図のように角で増しながら輪に編みます。続けて側面を模様編みで増減なく編みます。縁編みは、脇に糸をつけて細編みで編みます。持ち手は底と同様に編み始めます。同じものを2本編み、縁編みの指定の位置に返し縫いでつけます。

模様編み

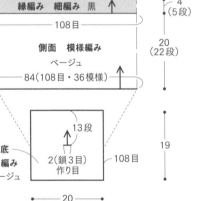

まとめ方

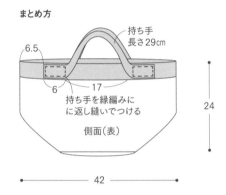

模様編み　1段めの終りと2段めの始め

❶1段めの終りは、矢印の位置に針を入れて、糸をかけて引き出し未完成の細編みを編みます。

❷❶と同様に次の目から引き出し、未完成の細編みを編みます。

❸段の始めの細編みの頭2本に針を入れて、糸をかけてすべてのループを一度に引き抜きます。

❹細編み2目一度しながら引き抜いたら、★印の鎖の頭2本に針を入れ、糸をかけて引き抜きます。

❺1段めが編めました。

❻立上りの鎖1目を編み、❹と同じところに細編みを編みます。

❼細編みが1目編めたところ。細編み4目編みます。

❽細編み4目編み入れました。記号図どおり編み進めます。

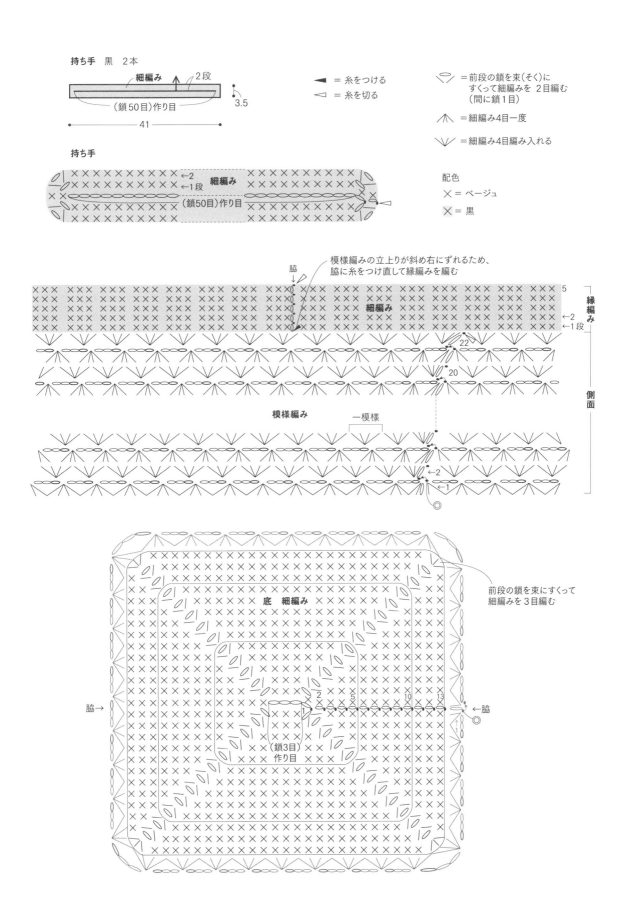

かぎ針編みの基礎

[糸の持ち方]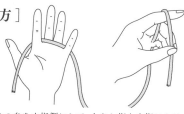

長いほうの糸を小指側にして、人さし指と小指にかけ、親指と中指で糸端から5〜6cmのところを押さえます

[針の持ち方]

針先から4cmくらいのところを親指と人さし指で軽く持ち、次に中指を針の上に添えます

[作り目]

編始めの方法

1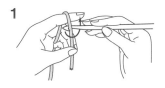

左手にかけた編み糸に針を内側から入れて糸をねじります

2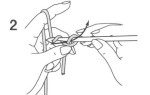

人さし指にかかっている糸を針にかけて引き出します

3

針に糸をかけて引き出します

4

繰り返して必要目数編みます

5

鎖目からの拾い方

鎖状になっているほうを下に向け、裏山に針を入れます

裏山を拾う

下側に鎖状の目がきれいに並びます

半目と裏山を拾う

2重の輪の作り目

1

指に2回巻きます

2

糸端を手前にして輪の中から糸を引き出します

3

1目編みます。この目は立上りの目の数に入れます

4

輪の作り目に細編みを編み入れる

1

輪の作り目をして鎖1目で立ちが上り、輪の中に針を入れて細編みを必要目数編みます

2

1段めを編み入れたら糸端を少し引っ張り、小さくなったほうの輪を引いてさらに糸端を引き、輪を引き締めます

3

最初の目の頭2本に針を入れて糸をかけて引き抜きます

4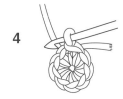

1段めが編めたところ

［編み目記号と編み方］

鎖編み
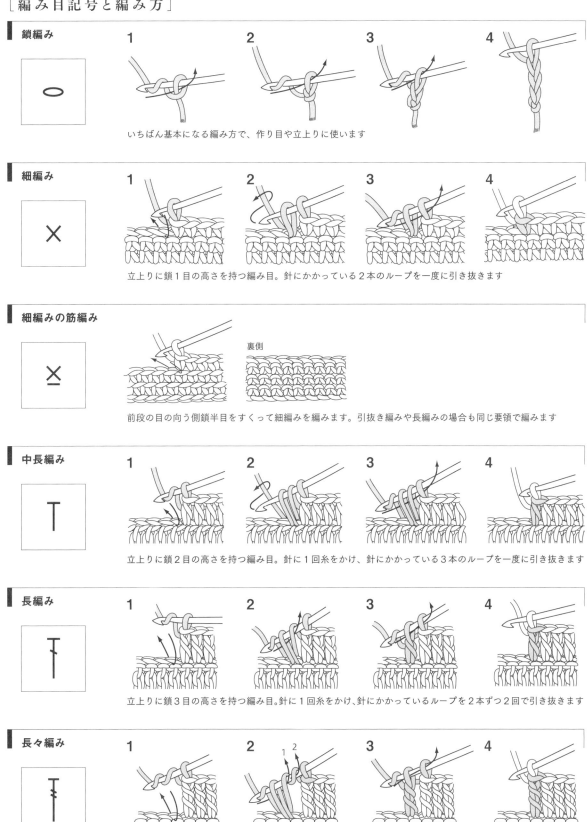

いちばん基本になる編み方で、作り目や立上りに使います

細編み

立上りに鎖1目の高さを持つ編み目。針にかかっている2本のループを一度に引き抜きます

細編みの筋編み

前段の目の向う側鎖半目をすくって細編みを編みます。引抜き編みや長編みの場合も同じ要領で編みます

中長編み

立上りに鎖2目の高さを持つ編み目。針に1回糸をかけ、針にかかっている3本のループを一度に引き抜きます

長編み

立上りに鎖3目の高さを持つ編み目。針に1回糸をかけ、針にかかっているループを2本ずつ2回で引き抜きます

長々編み

立上りに鎖4目の高さを持つ編み目。針にかかっているループを2本ずつ3回で引き抜きます

引抜き編み

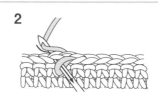

前段の編み目の頭に針を入れ、糸をかけて一度に引き抜きます

細編み2目編み入れる

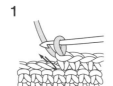  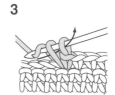 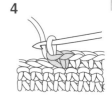

前段の1目に細編み2目編み入れ、1目増します

長編み2目編み入れる

※目数が異なる場合や、中長編み、引上げ編みの場合も同じ要領で編みます。

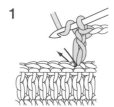 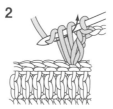 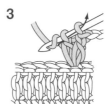 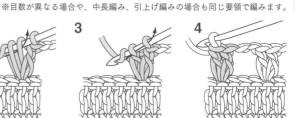

前段の1目に長編み2目編み入れ、1目増します

細編み2目一度

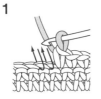 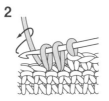 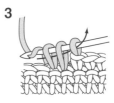 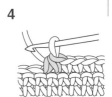

糸を引き出しただけの未完成の2目を、針に糸をかけて一度に引き抜きます。1目減ります

細編み3目一度

 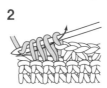 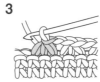

糸を引き出しただけの未完成の3目を、針に糸をかけて一度に引き抜きます。2目減ります

長編み2目一度

※目数が異なる場合や、中長編みの場合も同じ要領で編みます。

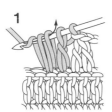 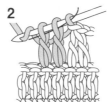 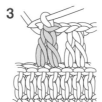

未完成の長編み2目を、針に糸をかけて一度に引き抜きます。1目減ります

長編みの表引上げ編み	1	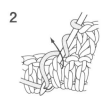 2	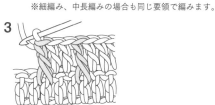 3 ※細編み、中長編みの場合も同じ要領で編みます

前段の柱を手前側からすくい、長めに糸を引き出して長編みと同じ要領で編みます
往復編みで裏側を見ながら編むときは、長編み裏引上げ編みになります

長編みの裏引上げ編み	 1	 2	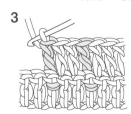 3 ※中長編みの場合も同じ要領で編みます

前段の柱を裏側からすくい、長めに糸を引き出して長編みと同じ要領で編みます
往復編みで裏側を見ながら編むときは、長編み表引上げ編みになります

[はぎ方]

巻きかがりはぎ

 1　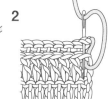 2　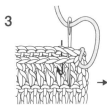 3　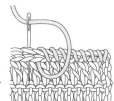

2枚の編み地を外表に合わせ、鎖目の頭を2本すくってはぎ合わせます

鎖はぎ

※目数が異なる場合や、細編みでつなぐ場合も同じ要領で編みます

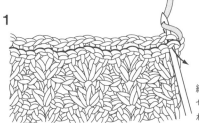 1　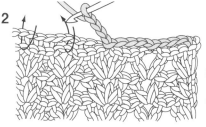 2

編み地を中表に合わせ、端の目に針を入れて、引き抜きます

鎖編みと引抜き編みを繰り返します。鎖の数は、編み地の透きぐあいで調節します

引抜きはぎ

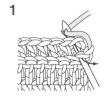 1　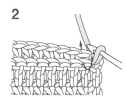 2　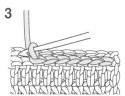 3

2枚の編み地を中表に合わせ、2枚の目の頭2本ずつを拾って引抜き編みを編みます

根もとがついている場合
前段の1目に全部の目を編み入れます。前段が鎖編みのときは、鎖目の1本と裏山をすくって編みます

根もとがついていない場合
前段が鎖編みのとき、一般的には鎖編みを全部すくって編みます。束(そく)にすくうといいます

デザイン・製作・文

Ronique ［ロニーク］ 福島令子

札幌出身。法政大学法学部卒業。小さいころから母が好きな棒針編みや手芸に親しみながら育つ。子育てを機にかぎ針編みの独習を始める。現在は編み物書へのレシピ提供や、不定期オープンの編み図、キットのオンラインショップ「Ronique」の運営を中心として活動中。2016年よりヴォーグ学園札幌校で講師を務める。手間を省いたパターンと、普段使いしやすいデザインを目指している。著書『冬のかぎ針あみこもの』『かぎ針あみの冬ごもり』『好きな模様で編むかごバッグ』（すべて文化出版局） https://www.ronique.net

ブックデザイン	knoma
撮影	清水奈緒（カバー・口絵）
	安田如水（プロセス・文化出版局）
スタイリング	長坂磨莉
ヘア＆メークアップ	上川タカエ
モデル	ANGIE
トレース（基礎）	day studio 大楽里美
校閲	向井雅子
編集	小林奈緒子
	三角紗綾子（文化出版局）

［素材提供］
・ダイドーフォワード（パピー）　tel.03-3257-7135
・ハマナカ（ハマナカ）　tel.075-463-5151
・メルヘンアート　tel.03-3623-3760
・横田（DARUMA）　tel.06-6251-2183
☆材料の表記は2018年2月現在のものです。
☆糸は廃色になることがあります。ご了承ください。

［衣装協力］
・GLASTONBURY SHOWROOM　tel.03-6231-0213
　カバー・p.5・p.6・7・p.11 トップス、p.8・9 Tシャツ、p.20 トップス、p.22 ヘッドバンド（ALWEL）／p.9 ショートパンツ（Yarmo）／p.10 靴（Sanders）／p.12・13 ワンピース（Honnete）
・MACH55 Ltd.　tel.03-5413-5530
　p.18・19 キャップ、p.22・23 Tシャツ（MASTER&Co.）
・OLDMAN'S TAILOR　tel.0555-22-8040
　p.10・11 スカート、p.14・15 ワンピース、p.28・29 トップス（R&D.M.Co-）
・SOURCE　tel.03-3443-5588
　p.10・11 ブレスレット（Hortense）／p.12・13・p.26 ブレスレット（Lena Skadegard）／p.12・13 リング（Carla Caruso）／p.26 ピアス（SOURCE）
・THE MOTT HOUSE TOKYO　tel.03-6325-2593
　p.20・21 パンツ、p.22・23 パンツ（SLEEPY JONES）

［撮影協力］
・AWABEES
・TITLES

夏のかぎ針あみこもの

2018年2月26日　第1刷発行
2025年5月16日　第5刷発行

著　者　Ronique［ロニーク］
発行者　清木孝悦
発行所　学校法人文化学園 文化出版局
　　　　〒151-8524　東京都渋谷区代々木3-22-1
　　　　tel.03-3299-2487(編集)　tel.03-3299-2540(営業)
印刷・製本所　株式会社文化カラー印刷

©Reiko Fukushima 2018 Printed in Japan
本書の写真、カット及び内容の無断転載を禁じます。

・本書のコピー、スキャン、デジタル化等の無断複製は著作権法上での例外を除き禁じられています。
　本書を代行業者等の第三者に依頼してスキャンやデジタル化することは、たとえ個人や家庭内での利用でも著作権法違反になります。
・本書で紹介した作品の全部または一部を商品化、複製頒布、及びコンクールなどの応募作品として出品することは禁じられています。
・撮影状況や印刷により、作品の色は実物と多少異なる場合があります。ご了承ください。

文化出版局のホームページ　https://books.bunka.ac.jp/